経営者勉強シリーズⅡ

中小企業経営戦略の新理論

～リスク低減のための8戦略～

ものづくり補助金情報中心
経営革新支援認定機関
中小企業診断士・社会保険労務士
西河　豊

三恵社

はじめに

　２０１５年に放映され人気を博した「下町ロケット」というＴＶドラマを覚えておられるでしょうか？

中小企業がものづくり技術で大企業に打ち勝ち、世の中に貢献もするというドラマでした。

あのドラマの最終回が近づくにつれてマスコミで話題となり、最終回の視聴率が期待されましたが、２２．８％と２０％をやっと超えた程度に終わりました。

これには、民放局の宣伝（いわゆる番宣）に加えて、出版社、書店が一斉に宣伝のタイアップに動きましたので、中小企業に努める労働者のシェア６９％からもっと伸びることが期待されていたのです。

この視聴率が跳ね上がらなかった原因として、中小企業事業主と従業員の反発があったのではないかと見られています。

　ーあんな、夢みたいな話は中小企業にはないー

確かに最終回は佃製作所の心臓弁バルブが医療に貢献し、ロケットのバルブシステムが帝国重工製のロケット打ち上げにも貢献するとやり過ぎ感がありました。

しかも、従業員規模から見ても中小企業と言うよりは中堅企業でした。

私には、最終回を見なかった中小企業の代表者や労働者の気持ちがよく分かります。

でも、一方でこうも思うのです。

　ー僻んでばかりいても仕方はないー

夢みたいな経営戦略では無くても、戦略作りに向けて一歩踏み出してみませんか？

これからの不安定な時代、中小企業の方が機動力が効きます。なぜかというと過去のマーケティング理論が通じなくなるほど、外部環境が変わってしまったのです。

ユーザーと繋がりがある時代では、中小企業でも特徴さえ出せれば、大企業に対しても遜色のないインパクトを与えられるのです。

本書の構成は以下の通りとなります。

公的支援制度┬①税制　　┌(②民間金融機関)
　　　　　　└資金調達─┼③制度融資・④再生支援・⑤保証制度
　　　　　　　　　　　　└⑥補助金・⑦助成金

まず、前著でも紹介した公的支援制度のうち、主に金融と言われる②民間金融機関③制度融資④再生支援⑤保証制度を金融の戦略と絡めて理解できる形で解説します。
②として民間金融機関が入っているのは中小企業庁の中小企業対策の指導を受けるからです。
次に、経営戦略を解説しますが、これは公的支援制度と大きく絡んできます。
どのような戦略を打つにも不足部分は支援策に頼らねばならないかもしれないからです。そして、全ての戦略は資金(金融))関係してきます。

経営戦略　　┬経営戦略策定ツール─知的資産経営報告書、経営革新計画
　　　　　　└経営戦略 ─①金融戦略
　　　　　　　　　　　　└②マーケティング戦略
　　　　　　　　　　　　└③労務管理戦略
　　　　　　　　　　　　└④創業・ベンチャー戦略
　　　　　　　　　　　　└⑤第二創業戦略
　　　　　　　　　　　　└⑥再生支援戦略
　　　　　　　　　　　　└⑦海外戦略
　　　　　　　　　　　　└⑧知財戦略

戦略全体としていかに経営リスクを下げていくかという観点で説いています。
海外戦略も国内のみ営業のリスクの裏返しとしての海外進出です。

全ての戦略で、皆様が知らないと思われる側面から、論理的に理解できるように解説し

ています。また、それを知らなければ企業リスクが広がるだろうと言う観点から書いています。

第7章の新マーケティング論は今回の書き下ろし部分として特に注力しました。
このマーケテイング理論のみ新マーケテイング理論と新を入れており、最も真剣に読んで欲しいところです。
流通環境が激変している中でも、過去のマーケティング論を否定して新たなロジックでまとめた著作物は、未だありませんでした。

　多くの人がこのような新マーケティング論を突き詰めようと試行する時に製造業には当てはまらないという認識であったと思われます。

　しかし、私は製造業こそが、マーケットインの志向が求められる業種であり、新たなマーケテイング展開をしていかないと永遠に大企業の人件費低減目的でしか使われないと思います。（なお、この新たなマーケティングをいかに企業活動に生かすかは第3巻の販売戦略の新理論に引き継ぎ、詳細解説します）
本書の最終目標は御社に戦略を構築して貰うことです。
そこまでの順序として
①国の**支援施策の法則性**を学ぶ。
②企業活動のリスクを**低減**するために**各種戦略の定石**を学ぶ。
③小規模企業活性化の１０事例を読んでいただき、**戦略策定のヒント**を感じる。
④国の支援施策としての戦略策定ツールを知って貰い、**いかなる手順で戦略策定するかを学び、実際に戦略を練る**
という順序で目次の流れを作ってあります。
是非とも、最終ステップの企業戦略を練ることろまで進んでください。
本書が御社の経営戦略策定の一助になれば幸いです。

ものづくり補助金情報中心

経営革新支援認定機関

中小企業診断士・社会保険労務士

代表　西河　豊

目　次

はじめに ・・・・・・・・・・・・・・・・・・・・3

第1部　中小企業対策の法則性

第1章　中小企業対策の法則性 ・・・・・・・・・・・12

　1．内容主義の申請が増えている ・・・・・・・・・12

　2．足し算理論と引き算理論 ・・・・・・・・・・・13

　3．施策アクセントは予算要求に反映 ・・・・・・・14

第2部　リスク低減のための8戦略

第2章　戦略講座ガイダンス ・・・・・・・・・・・16

第3章　金融戦略1－金融基礎知識 ・・・・・・・・19

　1．金融の歴史 ・・・・・・・・・・・・・・・・・19

　2．金融機関の意義 ・・・・・・・・・・・・・・・20

　3．金融機関よりお金を借りる意味 ・・・・・・・・21

　4．金融機関原則 ・・・・・・・・・・・・・・・・23

　5．金融機関が抱える矛盾 ・・・・・・・・・・・・26

　6．知っておくべき金融の動き ・・・・・・・・・・28

第4章　金融戦略2－借入知識 ・・・・・・・・・・32

　1．総論 ・・・・・・・・・・・・・・・・・・・・32

　2．2つのプール論 ・・・・・・・・・・・・・・・33

　3．一般借り入れ ・・・・・・・・・・・・・・・・35

　4．資金調達のバリエーション ・・・・・・・・・・37

　5．中小企業のベストな金融機関の使い方 ・・・・・39

第5章　金融戦略3－戦略シミュレーション ・・・・54

　1．リスクコントロール ・・・・・・・・・・・・・54

　2．シミュレーション1 ・・・・・・・・・・・・・57

　3．シミュレーション2 ・・・・・・・・・・・・・60

第6章　新マーケテイング戦略　・・・・・・・・・・・・63

1．従来の論理が通用しなくなった　・・・・・・・・・63

2．従来のマーケテイング論がなぜ今使えないか　・・・64

3．新たなマーケテイング手法　・・・・・・・・・・・67

第7章　労務管理戦略　・・・・・・・・・・・・・・・77

1．労務管理概論　・・・・・・・・・・・・・・・・・77

2．モラールアップ施策　・・・・・・・・・・・・・・79

3．労務リスク管理対策　・・・・・・・・・・・・・・80

4．労働行政の検査から見るリスク管理　・・・・・・・83

5．未払い残業代の請求問題　・・・・・・・・・・・・89

6．評価制度　・・・・・・・・・・・・・・・・・・・91

7．研修制度　・・・・・・・・・・・・・・・・・・・96

第8章　創業・ベンチャー論　・・・・・・・・・・・・100

1．創業の状況　・・・・・・・・・・・・・・・・・・100

2．創業に必要な能力　・・・・・・・・・・・・・・・101

3．資金調達手法　・・・・・・・・・・・・・・・・・104

4．ランニングのハードルとなるところの対応法　・・・107

5．創業の現代事情　・・・・・・・・・・・・・・・・112

第9章　第二創業戦略　・・・・・・・・・・・・・・・114

1．第二創業の現状　・・・・・・・・・・・・・・・・114

2．第二創業時のポイント　・・・・・・・・・・・・・115

3．事業引継ぎ相談窓口　・・・・・・・・・・・・・・119

4．第二創業促進補助金　・・・・・・・・・・・・・・119

第10章　再生支援戦略　・・・・・・・・・・・・・・121

1．企業価値の毀損　・・・・・・・・・・・・・・・・121

2．企業再生の定義　・・・・・・・・・・・・・・・・122

3．私論—国の再生支援の限界　・・・・・・・・・・・128

4．規制の中での対応策　・・・・・・・・・・・・・・130

第11章　海外戦略 ・・・・・・・・・・・・・133

　1．海外戦略がリスク低減策となる理由 ・・・・・・・133

　2．海外戦略策定のポイント ・・・・・・・・・・・134

第12章　知財戦略 ・・・・・・・・・・・・・・・140

　1．知的財産権の種類 ・・・・・・・・・・・・・140

　2．各権利別注意点 ・・・・・・・・・・・・・・141

　3．総括 ・・・・・・・・・・・・・・・・・・144

第3部　中小企業活性化事例

第13章　中小企業事例 ・・・・・・・・・・・・・148

　1．事例の見方 ・・・・・・・・・・・・・・・148

　2．中小企業活性化10事例 ・・・・・・・・・・・150

　　①株式会社　ユーズテック　〜人材活性化にかける！〜 ・・・150

　　②株式会社　丸嘉　〜労務管理の徹底から人気企業に！〜 ・・・・・152

　　③いけじゅう　〜日々の努力と自然な事業継承〜 ・・・・・・・・154

　　④株式会社　エール　〜崖っぷちが生んだ生き残り策〜 ・・・・156

　　⑤ibuki　一柳　恵亮　〜働き手の集まるリペア職人〜 ・・・・・158

　　⑥ふとんの関口　関口二生　〜元気な高齢経営者〜 ・・・・・・・160

　　⑦株式会社　ヨシダ　〜全てが好循環を生むアイデア〜 ・・・・162

　　⑧三佳屋　前山　博信　〜時代を読む力〜 ・・・・・・・164

　　⑨有限会社　大建工業所　〜次世代のための事業開発〜 ・・・・・166

　　⑩株式会社　協明テクノシステム　〜自由な発想で取り組むリサーチ会社〜

　　　　　　　　　　　　　　　　　　・・・・・・・・168

　3．総括 ・・・・・・・・・・・・・・・・・・169

第4部　戦略策定編

第14章　経営戦略策定の考え方 ・・・・・・・・・・172

　1．積み上げ方式か？戦略ダウンか？ ・・・・・・・・172

　2．売上計画の作り方 ・・・・・・・・・・・・・172

　3．不足資源を洗い出す ・・・・・・・・・・・・175

4．運転資金と設備資金　・・・・・・・・・・・・・・175

　　5．コア部分を生かす　・・・・・・・・・・・・・・・177

第15章　経営戦略の申請制度　・・・・・・・・・・・・・178

　　1．経営革新法申請　・・・・・・・・・・・・・・・・178

　　2．知的資産経営報告書　・・・・・・・・・・・・・・181

　　3．新連携申請　・・・・・・・・・・・・・・・・・・182

　　4．特定ものづくり研究開発認定　・・・・・・・・・・184

第16章　経営戦略策定ツールの使い方　・・・・・・・・・185

　　1．簡易事業計画書　・・・・・・・・・・・・・・・・186

　　2．経営革新法と知的資産報告書　・・・・・・・・・・186

第17章　簡易事業計画書の作り方　・・・・・・・・・・・188

　　1．簡易事業計画書作成を勧めるその理由　・・・・・・188

　　2．金融機関の再生支援事業のステップ　・・・・・・・188

　　3．作例事例　・・・・・・・・・・・・・・・・・・・189

第18章　経営革新計画の作り方　・・・・・・・・・・・・194

　　1．新規性とは　・・・・・・・・・・・・・・・・・・194

　　2．策定のポイント　・・・・・・・・・・・・・・・・195

　　3．作成事例　・・・・・・・・・・・・・・・・・・・197

第19章　知的資産経営報告書の作り方　・・・・・・・・・201

　　1．普及する背景　・・・・・・・・・・・・・・・・・201

　　2．策定のポイント　・・・・・・・・・・・・・・・・202

　　3．作成事例　・・・・・・・・・・・・・・・・・・・206

おわりに　・・・・・・・・・・・・・・・・・・・・・・・212

9

第1部
中小企業対策の法則性

第1章　中小企業対策の法則性

　本章では、政府の中小企業対策における通則を解説します。

その狙いは補助金・助成金の獲得のみにあるのではなく、国のロジックを理解して欲し

いと言うことです。

1．　内容主義の申請が増えている

　従来より、経済産業省系統（中小企業庁）は、申請書に内容を書き、その内容で審査

する内容主義、その他の省庁は企業概要や計画を事実通り書く要件主義でしたが、近年、

他省庁にも内容主義の申請書が増えてきています。

国の財政が逼迫していることや、補助金・助成金は支出した後に、効果性を問われるこ

とより、合理的な流れです。

では内容主義の申請とはどのようなものなのでしょうか。何の内容を書くかと言うと

「想ふ」こと、すなわち、戦略です。

この「想ふ」ことは憲法上で許された権利であり、大企業も中小企業にも平等に与えら

れた権利です。

実は、この戦略性において、中小企業が劣っているという点に多くの人は気づいていま

せん。

この内容主義に対するもう一方の考え方は形式主義であり、いかに形式要件を合わせて

行くかということが、基準の補助金です。

こちらの方は、どこから引っ張ってきて、どこにうめるかという専門家に任せるのは許

容範囲です。

その形式要件の合わせ方で、事実違反の、違法なやり方は、当然、否定されるべきです

が、それを、得意技としている専門家も存在する事は注意すべきです。

12

話しを戻します。

この戦略性において、何を考えるかは自由な世界であり、代筆を頼む行為は、この可能性を最初から捨てている事になり、その時点で事業拡大の機会をロスしていることを理解してください。

２．足し算理論と引き算理論

補助金は基本的に、売上を生み出すための施策という意味で、足し算の理論です。

ここで、引き算の理論の補助金がひとつ出てきました。<u>２０１５年より補正予算で大きな予算が積まれた省エネ促進補助金です。</u>（エネルギー合理化使用補助金というのは従来からありました）

なぜ、引き算の理論かと言うと、目的がコストの削減にあるからです。

政府が、これに力を入れ始めた背景として

・省エネが東日本大震災以来急務となっている。

という背景の他に

・国会でものづくり補助金等、足し算の理論の補助金の効果はどれほど上がっているかと問われると弱いところがあるからです。

実際に効果が出るまでタイムラグもあります。

足し算の理論の補助金は、補助金支出後の効果測定も自主申告に頼らざるをえず難しいところがあります。

引き算の理論の補助金効果は公募の要件に省エネ率の低減率を入れていけば読めます。

ただし、これにも最近、問題点が出てきています。

近年の工作設備にはこの省エネの機能も兼ね備えているのですが、工作設備の本旨は精度アップであり、導入と同時に増産体制になってしまった場合の引き算と足し算が混在していることとなります。補助金支出効果をどう見るのかという課題です。

３．施策アクセントは予算要求に反映

　施策のスキームが理解出来たら、次年度の施策の内容とアクセントを見るのが予算要求です。

４月からが新年度ですが、秋に各省庁の概算要求として発表されます。

ここで、予算額の変動とスポット的な予算を見ます。

予算には２通りあり、

・前年度の補正予算

・新年度の本予算

です。

最近ではものづくり補助金が毎年、補正予算として積まれ、野党は「経常化しているのに毎年、補正予算に入るのはおかしいのではないか？」と私は批判しています。

ものづくり補助金は、毎年正式名称が少しずつ変わります。これも補正予算でやっている影響です。

ただし、補正予算には瞬間的に大きな予算額がとれるという融通性があるのも確かです。

第2部
リスク低減のための8戦略

第2章　戦略講座ガイダンス

　次に戦略の章に入っていきますがまずこのガイダンスをしっかりと読んでください。
この戦略論は今後、我が国の人口減少特に生産年齢人口がシュリンクしていくことを前
提として論じています。

前提としていますと言いましたが決定している事実です。

次に小規模企業を前提に論じています。

人口減少という危機については大企業の方がグローバル化に対応できなければ影響度
が大きくなるでしょう。

神田昌典氏は将来、会社はなくなると言っておられますが私も同意見です。

その理由として

・先輩社員が成功体験を後輩に伝えられない

・会社では無から有を生む経験を積めない

・一部のベンチャー精神のある社員が抜けると組織が成り立たない

というものです。

小規模企業の方が生き残れるという根拠は

・変化に対する対応能力、機動力

・固定費コストの低さです。

ではどのように小規模企業は事業展開して行ったら良いのでしょうか？

・少人数で新たなマーケテイングに対応し、レバレッジを効かせながら一定のマーケッ
トを獲得する

・グローバル化に対応する

この2つです、

前者の新たなマーケテイングとは

市場を何らかの公式で分割していたマーケテイングからつながりが既にあるなかで

商圏を広くとりいかに反応させて行くかのマーケテイングの考え方への移行です、

これは第７章　新マーケテイング戦略で説明しています。

後者についてはグローバルに商品サービスを販売するという視点で第１１章海外戦略で解説しています。

話を戻し本章の戦略論ガイダンスです。

まず、大きな考え方として、知らねばリスクが広がるという考えで戦略解説しています。

また、新たな学びがあるように構成しています。

第２章では金融戦略については金融の歴史から説き起こし、金融の法則を解説しています。

第３章では主に金融機関では代理業務と言われる日本政策金融公庫や保証協会制度や三共済と言われる共済制度を解説しています。

第４章では、金融シミュレーションで陥ってしまいがちな考え方の偏向を体感して貰います。

第５章ではマーケテイング戦略を新たなマーケテイング手法を従来の理論と対比させて解説しています。本書ではまず、発想を変えていただくことを主旨としています。

第６章では労務管理戦略を、モラール管理論、労務管理ツール論で、性善説と性悪説の両方を使う考え方を紹介します。また、労働行政の臨検検査にいかに対応するかから逆算して労務管理はいかにあるべきかを考えて貰います。

第７章～第８章では創業戦略と第二創業戦略を解説しています。

創業・ベンチャー戦略については既存事業の経営者の方にも社内ベンチャー時の考え方として学んでください。

第二創業は、事業継承のことで、次の世代へのバトンタッチ時の考え方を解説しています。

第９章では、再生支援を、国のガイドラインと私論として実務上、復活の確率の高い方法に分けて解説しています。

第１０章～第１１章では海外進出、知財戦略とはいかなるものかを解説し、最先端の中小企業対策を解説しています。

前半の、金融戦略、マーケテイング戦略、労務管理戦略は縦の軸として全ての戦略に関

係してきます。新たな動きには常に資金と販路、人材が絡むと言うことです。
全てにおいてロジックで貫いており、体育会系の「やれば出来る」という論は排しています。

では、資金調達のメインとなる金融について、解説します。金融の意義をしっかりと捉える事が重要です。

第3章　金融戦略１－金融基礎知識

　資金調達のメインとなる金融について、解説します。金融の意義をしっかりと捉える事が重要です。
　金融とはなんなのか？お金を借りるとはどういう行為なのかを金融の成り立ちから分かりやすく述べます。

１．金融の歴史

　まず、金融とは何でしょうか、それは金銭を「銀行家」が「事業家」に貸付け、借り受けている間、「事業家」はその資金で経済行為を行い、付加価値をつけた売上げの中から定められた期限に返済していくと言うものです。

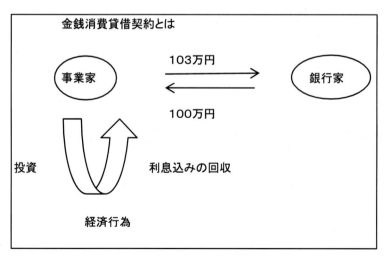

　この職業は中世ヨーロッパでユダヤ人が始め、最初は金利をとると言う考えが理解されませんでした。

しかし、貸す側も貸し倒れというリスク側面を背負うことから「金銭消金銭消費貸借」の契約上の正当な権利あると言うことが次第に認められるようになりました。

この金融こそが経済を発展させていく、経済の信用創造の源だったのです。

経済は、①自給自足→②物々交換→③貨幣経済の順に発展してきました。経済行為を行おうとするものは

- ・　創業時
- ・　売上げの季節の変動
- ・　販売から入金まで間
- ・　設備投資したい時

等に、どうしても資金の谷間での借り入れ資金が必要になるとことが分かりました。その時は、事業家の信用で金銭を借りないと事業が円滑に回らないことが分かったのです。金融機関の融資取引については基本的に借り側の信用を心象形成することによる相対取引です。ここがポイントであり、金融機関の良好な関係のつくり方についてその考え方を説明します。

２．金融機関の意義

　金融と言う業態、あるいは金銭消費貸借契約を理解していただくために、面白い実験事例があります。事業をするので、「資金を出資してくれ」というケースがあったとします。

その時、物価上昇や、金利の向上という背景がなかったとして、人は年何％の配当を用意するかという質問です。この質問に多くは５％程度と答えるとされています。人は直感的に投資リスクとそのリスクを持つリターンを５％とはじくのです。

今、金融機関や保証協会でラインナップされている金利はそこまでいかないでしょう。金融機関の貸付は投資行為ではありません。しかし、お金を貸すといった投資には似たところがあります。

この金利の差額をうめるのが、

①担保を求める

②ビジネスプランを求める
③複数の人間が稟議で慎重審査する
という行為です。

①の担保徴求については金融機関のシビアな側面としてよく取り上げられますが、事業者側から見ると、今まで事業で培った経営者の信用（個人保証、保証協会保証）、や不動産（抵当権、根抵当権）を金融資産が足りないときにその、調達の信用の補足として使えるというメリットもあるのです。

　ここで担保の注意点は事業用資産を担保徴求されてしまうと事業の自由度が狭まりますので注意しましょう。
ビジネスは固定資産への投資ではなく、プランへの投資でないと合理的ではないと言うことは５８Ｐのシミュレーション１で解説します。

３．金融機関よりお金を借りる意味

　図にすると金融の基本であるレバレッジを使うというフローは次のとおりとなります。従来は、他人資本を利用して、てこの理論、特に事業用資産投資で拡大再生産していくのが金融の基本的考えでした。

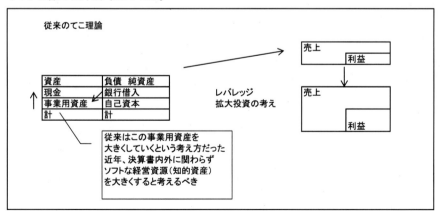

(1)金融のてこ理論

先行きが見えにくい時代には、常に資産対営業利益（あるいは経常利益）の効率を計ることが重要です。資産効率を見るということは借り入れによる資金レバレッジが利いているかということにもなります。

　時に事業者は損益計算書や粗利に目が行きがちです。

それは、総資産というもののイメージが沸きにくいということがあるでしょう。

例えば、借り方に工場資産や、在庫資産があり、貸し方に借入金、社債、他人株主資本がある場合、その資産にコストがかかっています。

大企業の派遣社員切りの問題など起こっていいますが、この一種の焦りの様な状況もこの資産倍率の問題であると思われます。固定資産への投資が、常に効率性を問われる時代となってきていると言うことです。

売上げ対利益率（損益計算書）の方は、極論すれば、費用を収益内に納めればいいのです。しかし、資産倍率の方はその投資効率にうまみがないと判断され他人資本の投資（貸付者）が引いてしまうと一気に経営が成り立たなくなります。

資産の換金というのは時間がかかります。また一般的に、買い手、優位となります。

これが、まず資産倍率は少なくとも預金金利以上ないとうまみがないと言われる所以です。

(2)金利について

よく、安い金利で借りられたというような声を聞きます。

借りるという行為をするときに金利の安さだけで、余分なお金を借りることはお勧めできません。

元金の償還が経費で落ちない、ということを忘れてはなりません。言い換えると借り入れ元金の償還は税引き後利益で行わなければならないのです。ここを理解して、ビジネスプランあるいは将来のキャッシュフロー向上をベースに借り入れを行わないと、借入金残高はいつまでたっても減りません。

第2部　リスク低減のための8戦略

(3)金融は信用度合いか？

常に信用のMAXまで、金融機関から借りておく。その借り入れ金額が代表取締役個人（あるいは会社）の信用度合いを示すという考えの人がいますが、それは、経済の右肩上がりが見えていた時代の考えで今の世情に合うものではありません。

　確かに、金融の借り入れ度合いがその個人あるいは法人の信用度合いを示すという考えは、ある意味当たっています。しかし今後、消費者や金融機関による信用度合いの差別化の現象が起こります。これが売り上げや信用枠に跳ね返ります。

大企業は消費者の信用度合いに試されます。

下請け事業は発注元である大企業により信用度合いがチェックされる時代となるでしょう。

冷静に、自分あるいは自社の信用枠を考えてみることをお勧めします。

4．金融機関原則

　ここでは金融機関がどのような基本原則に基づいて、貸付しているかを説明します。この項は事業計画書で金融機関への要望を書く時の考え方の参考にしてください。

(1)キャッシュフロー向上が大前提

リスケジュールで返済猶予を受けた事業所、あるいは融資のリスケジュール（焼き直し）を受けた法人で、それに見合う資金が残っていない場合は、経営を根本的に見直さないといけないということです。

返済資金を除いた商売上のキャッシュフローがマイナス（赤字）になっていないといけないということです。

　融資の基本原則はそこで、（運転資金でも設備資金でも）資金を投入することによって、キャッシュフローが良くなるということです。

　借入目的として、返済のためにという貸付の理由は本来、原則外なのです。

計画つくりにおいては必ずこの基本原則を踏まえてください。

よく金融機関は借りたい時に貸してくれないと言いますが、それは返せる見込みのない

23

資金を貸し付けるのは良くないという面もあり、公的な役割を担わされている金融機関としては、しかたない面もあるのです。

(2)本人確認主義

これは、債務者となる人を面談など、必ず、確認してから、貸し付けなさいということです。

現場を必ず確認しなさいということも合わせ教育されます。

取り込みなどの詐欺に会わないようにという意図もあるのですが、本人の返済の覚悟を確認するという貸付の最も基本的な原則を示します。

この原則は、広義には、事業継承などで法人の代表者が変わる可能性のあるケースでは後継者の意思確認まで含まれます。

だからこそ円滑な事業継承が必要と言われるのです。

法人などで派閥争いが起こっている会社では、誰が事業の責任か、すなわち返済の責任者になるのか、分かりにくい状況になりますので、貸付の与信をつけにくくなります。

よく、大型破綻の事由に、金融機関に見放されたというのがありますが、企業の末期症状では、この事業継承争いが絡んでいて、金融機関が不安になり引いたというケースが意外と多いのです。

(3)資金使途流用の禁止

これは申請した通りの目的で貸し付けた資金が運用されなければならないということです。

ただし、運転資金で借り入れた資金は金銭に色が付いていないだけに、どのようなところに資金が回っているかは見えにくい面もあります。

バブル期には、他目的で借り入れして、実際は、社長の豪奢な車購入に当てられていたというような事例が散見されました。

気を付けて欲しいのは、決算書において、事業に与しない資産が増えているケースです。期末残高において「未払い金」や「役員への貸付金」が増えている会社は調達した資金が会社というフイルターを通して、外部や、個人に流れているのではと疑われてしまい

ます。

それぞれ、やむをえない事情があるケースもあるでしょうが、決算書は綺麗なものにする努力をしましょう。

(4)リスケジュールの基準

リスケジュールとは、（金融機関側から見て）貸付条件を焼き直すことです。

例えば、５００万円を７年で借りていたとします。これを期間満了でなく、返済期間途中で、もう、一度、同じ形で（ここでは分かりやすいように同型とします）借入れをやり直すということです。

これを行うと、元金の内、３００万円の返済が終わっていた場合、企業には新たに

５００万が期間途中で入りますので、返済した３００万の真水が入ることになります。

企業側のリスケジュールの基準は、期間か、元金が５０％以上償還していることが基準となります。

例えば、７年の返済期間で、１年程度でリスケジュールを申請された場合、貸し付けた５００万は、既に運転資金で溶かしてしまったのかということになるからです。

経営が慢性赤字になっている先には、貸付よりも経営の改善を勧めないと金融機関は事業先を、借り入れ過大にさせ事業破たんに追い込むだけという見方をするのです。

このような、ケースでリスケジュールを断ることを金融機関側は「貸し渋り」とは思ってはいません。あくまで、当初の約定は７年であるからです。

貸し渋りに明確な定義はありませんが、この辺りは金融機関側の感覚とマスコミで言われている論調に温度差がありますので注意しましょう。

５．金融機関が抱える矛盾

(1)片方が得すれば、片方が損する矛盾

金融機関の問題として、なぜ、顧客ニーズとすれ違っているかを纏めます。

この部分を理解しておかないと次項以降、特に金融機関のベストな使い方が、すっきりと腑に落ちないからです。

「顧客とはＷｉｎ－Ｗｉｎにはなりえない」

まず、以下のことを確実に頭に入れてください。

企業の財務が良い程、借入金利が低くなるということです。

財務体質が弱いほど、リスク金利が乗り企業側から見ると条件が悪くなります。

また、一定レベルを下回ると、自行の資金を貸すことは、出来なくなり、保証協会融資等、金融機関は公的な支援制度につなぐだけになります。

このＷｉｎ－Ｗｉｎの関係になれないというのは、融資（借り入れ）というジャンルだけではありません。

振り込みでも、窓口でテラーの解説を聞いて、振込み票を立てるより、

・店内にあるＡＴＭ

・企業内、家庭内からエレクトリックバンキング

によって、お客さんが操作して貰った方が、人件費コストを使わないので、利益が出るのです。

この機械化の流れは、金融機関だけのことではありませんが、ネット通販などでは、その購買行為前後に、様々なアクションを顧客にかけていることを思えば、金融機関の場合は、人的コストカット目的での収益化の流れが明確であると言えます。

この収益化の流れを是とするならば、究極的には金融機関に人は要らなくなります。

究極のミッション部分でロジックが合わないと言うことは私は致命的であると思います。

(2)規制の中で限界

これは、再生支援のところでも、解説しますが、規制の中での限界というのは金融機関は金融庁のガイドラインからはみ出したことはできないということです。

では、端的にどういうところで、矛盾が出ているかというと再生支援の過剰支援禁止と言う形で、財務的にマーケットで戦うのに、十分なラインまで引き上げて貰えないということです。

では、なぜ、こんな施策が出てくるかというと、

・財務のプラスマイナス0以上に支援すると不公平になる。

・全て一律に救おうとする。

ことの矛盾です。

欧米では、救われるのは真に企業のコア部分に独自性のある会社だけで、しかも、支援側が、企業業績が立て直された暁には利益が取れる仕組みになっています。

これに対して、我が国では出資できない金融機関に本格的な中小企業支援は不可能ということです。金融機関の主業務は、投資ではなく、融資なのです。

これは、企業業績がその支援、アドバイスで回復しても還元されるのは約定した利息分だけになります。

この条件では、担当者のアドバイスの本音がリスクを踏まないことになるのは当然です。

企業戦略というのは、選択と集中であり、何かに集中するということは、何かを捨てるということであり、リスクを踏むということです。

リスクオブリターンという言葉あるとおり、その見返りでリターンがあるということです。このリスクを踏まないアドバイスというのが再生支援スキームを機能しないものにしています。

(3)異常な低金利下では経営を成り立たせるのが難しい

コンサルタントの小宮一慶さんの「ROAって何?という人のための経営指標の教科書」の中で、企業の資金調達方法の中で

・以前は調達が楽になるように上場して業容拡大していたのが近年の金利低下の状況下では、それが逆になっており、金融調達の方が金利コストが低いので上場のメリットが薄れつつあると説明されています。

事業に投資した場合の一般的なリターンの期待度は年率５％と言われています。

しかし、金融機関の現実は優良企業は採算割れでも優遇レートをつけなければ取引して貰えないと言う苦しい状況にあります。

ここでの結論はそれだけ金融機関の利鞘（通常の経営では粗利益率）が小さくなり、なおかつ、借りてくれる企業がなかなかないので一般企業でいうところの売り上げが立ちにくいという状況にあることでまとめておきます。

６．知っておくべき金融の動き

(1)金融庁のスタンスのトレンド

これは、最近売れた「捨てられる銀行」（橋本卓典著）に詳しく解説されています。

この要旨は

・我が国の金融行政は失われた10年の間に不良債権管理・不良債権処理に偏り過ぎて、本来の企業支援のノウハウを忘れてしまった。

・リスクを抑えるために保証協会付き融資に振ることばかり考えている間に、自行で審査するプロパー融資の力を失い、中でも必要資金を短期でつなぐノウハウ（手形貸し付けでつなぐ「短コロ」など）を忘れている。

そのような中でも、中小企業の本業を支援して、事業性融資に取り組んでいる銀行も地方にはあると纏められています。

　この書で取り上げられているのは、北海道、稚内信金、北陸、北国銀行、東北、北都銀行、宮城、きらやか銀行の４行です。

この共通点が分かるでしょうか。地方の銀行ということです。

地方は、本業支援で地域を支えていかないと、地盤沈下するという背に腹は代えられない事情があります。その上に、金融機関が本業支援に本気を出すと言うことが中小企業の本業支援には不可欠です。

この書に書かれていることは、まったくその通りで異論はありません。しかし、いくら、森長官ががんばろうと、金融機関の究極のミッションにおいて、顧客との関係が、Ｗｉｎ－Ｗｉｎになりえない現状では、企業の本業支援に本気で取り組むには無理があると思えます。

繰り返しますが、金融機関の事業目的は、投資ではありません。社会の公器であるのなら、リスクを押さえるために安全なところにのみ貸すという思考も否定できません。

よって、取引銀行に本業支援のようなスタンスが見えたとしても、それに全ての希望をかけることは、間違っていると思います。

３９Ｐの金融機関のベストな使い方はそれを踏まえた上で代理業務の機能を中心に書いていますので、付き合い方を考えてください。

(2)求められている技術担保の発想

金融庁のスタンス変更に応じて、技術担保の必要性が言われています。

言葉を変えると保有不動産だけはなく、持っている技術力を評価せよということです。

担保不動産で融資するということを主とする時代は終わりました。

これに注力しても

・担保不動産も評価額が変動する

・その管理に金融機関の人件費コストがのしかかる

ということがバブル崩壊以降、共通の認識になってきているからです。

それでもやはり担保の中心は不動産で、技術・ノウハウ・事業可能性に貸し出すと言うことに、力を入れ始めている金融機関は、ありますが、全体として、円滑に進んでいません。

金融の流れとしては、不動産担保融資が保証協会の代理貸付にシフトしていって、審査機能を失っているのが、現実の姿です。

では、なぜ、事業可能性や技術を評価して貸し付けするという仕組みが進まないのかということを解説すると、金融機関の貸付というのは、何人もが稟議を見る集団合議システムであり、その稟議があがっていく中での伝言ゲームがうまく行かないということです。

これが、財務状況ならまだ、可能でしょう。しかし、問題になっている事業可能性や技術というのは、いわば未来の評価であり、人によって評価が違うということは大いにありえます。

しかし、それが難しくとも金融期間内での共通言語を増やしていかねば仕方ありません。それには、事業可能性の勉強しかありません。

技術の評価ガイドラインについては、存在しますが、不動産の収益還元方と同じくあまり使われていません。このような中で、特許庁が、技術評価制度を無料試行していることは注目されます。（第一巻「補助金・助成金獲得の新理論」で解説しています）

(3)注目される資本性ローン

近年は金融機関の貸付の金利が低下してきており、その意味では、借りやすくなり、ビジネスチャンスが増えたと言えると解説しました。

　しかし、この最新の資本性ローンにいたっては、もっと有利で、元本さえ据え置きになります。

また、据え置き期間満了時にも、そこから分割返済と言うようにその時点でリスケジュールされるのが一般的です。

日本政策金融公庫に商品がある以外にも民間金融機関においても、同様の金融商品を置いている金融機関もあります。

そして、実は、補助金より有利なのです。と書けばその意味が分かるでしょうか？

それは、貸付け（企業側から見ると借り入れ）なので、そのつぎ込んで貰った資金には、税金がかからないということです。

補助金は会計上は、収益であり、税金がかかることから、高収益企業が補助金に採択されるとキャッシュフロー効果は、

　補助金調達額－自己資金分－税金分

となり、ぐっと低まるのです。

いや、今はこれだけではありません。キャッシュフローを低めるものに補助金還付制度での事業利益還付額も入ってきます。

ここで、資本性ローンとは、期間を決めて、返済を保留して安定資金として投入してくれる制度なので、企業側にとって有利な制度であることは分かるでしょう。

これは中小企業の再生支援の一手法として、編み出されたものですが、有利である反面、顧客側から見ると、審査の敷居は高くなります。

また、貸付側では事務上返済を止める形になり、特例扱いになることもあります。再生支援融資があまり機能していない現状では、金融機関も企業側も大いに研究すべき金融商品と言えます。

第4章　金融戦略2—借入知識

1．総論

　借入れ枠の捉え方を説明します。

ここでは、保証枠をプールでイメージしていただきます。

中小企業には

① 自らの信用で金融機関から借りる

② 不動産担保などの担保で金融機関から借りる

③ 保証協会の保証で借りる

④ 日本政策金融公庫から一定枠を借りる

という4つのプールがあるとイメージしてください。

プールですから一定の容量しか借りられません。

返済して水を抜いたらまた、借りられますが、溢れる程は借りられません。これは金融機関共通の考えですので、どの金融機関を経由してもほぼ同じ与信枠になります。

ここで、①の信用借りは、金融機関は避ける傾向にあります。特に、最近、社長の個人保証で借りるという方法は「安易にそれをするな」という政府のガイドラインで金融機関も避けるようになり、中小企業は逆に資金繰りで苦労しています。

次に②の担保で借りるということですが、これは、多分、イメージと違うと思うのですが最近金融機関は前向きではありません。

ひとつには、不動算価値は変動する、また、実行後にそれの担保評価の管理責任が生じるということです。

そこで今は③の信用保証協会保証融資が主流になってきており、財務において優良企業のみが①のいわゆる金融機関プロパー融資を受けられるということになっています。

④の日本政策金融公庫枠での借り入れはご存知の方は多いと思います。

普通に経営していれば申し込みは可能ですので、知らなかった人は日本政策金融公庫の項も精読してください。
リスケジュールという既存借入の組み直しは、返済額、あるいは、返済年限の半分以上を返済したところでというのが一般的な目安です。

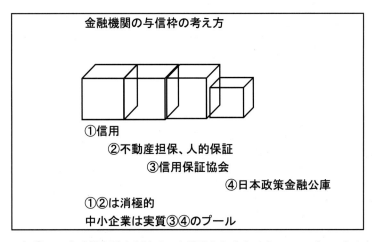

＊）④の日本政策金融公庫枠は、企業当たり大きくないのでプールも小さく表示しています。

２．２つのプール論

　ここでも借り入れの目的をプールに例えます。
論旨は前向きなプランで借りよということです。そのプランで補助金申請で採択を受けられれば尚更良いわけですが、財務評価で芳しくない企業はなかなか採択を受けられないと言う事情もあります。
金融機関は、雨の時は傘を貸してくれないというような言い方で、揶揄されます。
確かに、そう感じられる部分はあるかもしれません。
しかし、そこには、借りる側と貸す側の理論の擦れ違いがあるのです。
運転資金とは何のために借りるものでしょうか？

それは、キャッシュフローを良くするためです。

基本的に、金融機関は、後ろ向き資金と言って、現金資金が足りないからと言ってそこを穴埋めしてあげると言う思想はありません。

例え、そこに資金をつぎ込んでも、キャシュフローの改善策がなければ、その返済分が、加わってきますので、よりキャッシュフローは悪くなります。

運転資金を借りるときは無理にでもキャッシュフローが改善すると言う絵を描く必要があると言うことです。

中小企業の資金繰りには配慮するように金融庁の施策が民間金融機関には、伝えられています。ここでプランの有言不実行はどの中小企業も一回は通用します。

初回は、金融機関も信じるしかないからです。

2回目以降は安易に貸すと先程の理論で、借入過多に手を貸す形になると考えてしまうので慎重になります。

実際、このような形で雪だるま的に借金が過多になってしまって結局破綻という例が多いのも事実です。

ここで、中小企業には借り入れに際して限度額には2つのプールがあると考えるとイメージしやすくなります。

限度額は借入れの保証枠と考えてください。

ひとつ目のプールは通常のビジネスの回転のために必要な、資金繰り枠です。

アクションしてから実るまで時間がかかりますので通常の資金繰り枠は必要です。

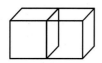   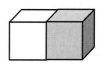

　左　通常資金繰り　　　　　　　　左　通常資金繰り
　右　設備投資など前向きに借りる　　右　資金繰りが苦しくなって借りる

この2つ目のプールには2つのパターンがあります。
・前向きに次のアクションを打つための枠

・資金繰りが苦しくなった時に余分に借りる枠（政策的に不況時に緊急保証枠というのが設定される時もあります）

前者は、企業プランが、経営革新法認定を受けた時に枠が2倍になることなどを意味します。

この2つのケースで、企業の業績の優劣がはっきりついてしまうのが、理解できるでしょう。だから、経営革新法申請は重要なのです。

後者のように後ろ向き資金で、2つ目のプールに濁った水を入れるとプール全体が濁りだすと言うことです。

前向きプランを策定していただき、前向き枠を使いながら、企業体質を強化していって欲しいのです。だから経営戦略が重要なのです。

3．一般借り入れ

(1) 基本的考え方

ここでは前節の借入スキームで説明した2つのプール論を思い出してください。

2つめのプールは中小企業対策としてのセーフティネットの意味が強いので、不況期でも中小企業は一回は借入の勝負が出来ます。

近年の制度の特徴を述べます。

経営コンサルテイングを受けることを条件にという形があります。これはその後の業績のことを考えると納得できる措置で、日本政策金融公庫ではマル経制度、保証制度では経営力強化保証制度となります。

担保面での話をします。担保の種類には

物的担保（不動産担保）

人的担保（保証人）

そして、保証協会融資は金融機関にとっては、もしかの時の代弁機能がありますので、金融機関には担保の様な扱いを受けます。

不動産担保は、地価が変動することや、その後の債権管理工数がかかると言うことで消極スタンスに変化しています。

個人保証も政府のスタンスとして、縮小して行く方向に変化しつつあります。（特に代表者個人の個人保証）

よって、事業計画をもとに貸し出すと言う情勢になって行きますが、今のところプラン評価の確定的なノウハウはなく、対中小企業の場合は保証協会の保証に振るのが一般的です。

将来的には技術や経営資産報告書を評価して貸し出す技術評価に近づいて行くでしょうが、その歩みは遅々としています。

それはその評価のための統一的尺度がないことに尽きます。

また、担保を取らない融資については金融機関のリスクで貸し出すプロパー融資と言われ、業績の優良企業に限って可能となります。

(2) リスク金利

　一般的に業績の悪い企業ほど、リスク金利と言って金利が高まる公式があります。逆に超優良企業には競って低金利でオファアーすることがあり、優遇金利等と言う言葉もあります。

(3) 信用保証協会

信用保証協会は、信用保証協会法（昭和 28 年 8 月 10 日法律第 196 号）に基づき、中小企業・小規模事業者の金融円滑化のために設立された公的機関です。

事業を営んでいる方が金融機関から事業資金を調達される際、信用保証協会は「信用保証」を通じて、資金調達をサポートします。（保証の種類は後述します）

４．資金調達のバリエーション

(1)バリエーション

資金調達の手法は金融機関借り入れだけではありません。

貸借対照表の

・資産の部で売却、負債の部・純資産の部で増額することにより、資金調達は可能となります。

資産の部

①フアクタリング（売掛金の売却）

②在庫の売却

③固定資産の売却

負債の部

④金融機関以外からの借り入れ

純資産の部

⑤私募債

⑥第三者割当増資

などです。

それぞれ、注意点を述べます。

①はフアクタリング会社の場合と売り掛けている企業（通常下請けの仕事を貰っている企業）となりますが割引料と言う利息を取られます。

②在庫の売却は通常デイスカウントとなります。信用不安に繋がらないよう配慮しなくてはいけません。

③不動産以外にも車両なども考えられますが、換金に時間がかかることを想定しておかねばなりません。

④ここでは都銀系のローン会社を示していますが一般金融機関より金利は高くなりま

す。

⑤投資家を募る訳ですので、魅力あるビジネスプランや経営資源を持っている企業に限られます。企業価値が高いうちだけ通用する手法です。

人間の思考は切羽詰まるとどうしても近視眼的になります。

常にその時のシミュレーションをしておくべきです。

ここで、広義の意味で、M&Aも資金調達の手法であるということを理解すべきです。

これは、M&Aされるという意味で、キャッシュフローが悪い原因の改善として、経営者が変わると言うことです。

通常、企業価値が毀損している業績の下り坂では時間が経つほどM&Aは成立しにくくなります。

(2)資金調達の発展形としてのM&A

収益が上がっている場合と、下り坂の場合で評価が大きく変わります。

資産評価すべきものに

・在庫

・固定資産（所有不動産、設備など）

・営業権、特許などの無形固定資産

・従業員

があります。

この内、実務上では在庫は取得原価の半額程度、所有不動産は路線価よりやや低めとなります。これは買い手の換金の手間を考えるとこれはやむを得ないでしょう。

無形固定資産である営業権、従業員が収益企業と赤字企業では評価が大きく変わります。

ともに赤字企業ではキャッシュフローを生み出していないからです。

ましてや、経営者交代の場合の役員の退職金は望めません。

これが収益企業であれば、この営業権などの無形固定資産のところで各種の評価法で買い取り価格に、色をつけると言うのが普通です。

逆に言うならば赤字企業には全てのM&A評価法が通用しないのです。

実際にも下り坂のM&A（救済型と言い換えてもよい）は通常、経営資産に何らかの特

別な意味合いがないと成立しません。

ここでも総括は企業価値毀損の速度は事業主の想定以上に速いので出来るだけ早めに決断することです。

5. 中小企業のベストな金融機関の使い方

(1)制度融資・保証

まず、金融機関は公共的な業務を窓口で受け付けしているということを理解してください。これは、プロパー業務に対して、代理業務と言われます。

日本政策金融公庫や保証協会へ繋ぐと言うのもそう言う意味合いがあります。

中小企業の借り入れには日本政策金融公庫か保証協会が通常絡んでいるからです。

ここで、制度融資の内容に入る前に次のことを理解してください。

借入における公的支援制度は、低利・長期となりますが、それは、経営と言う視点からは逆行するということです。

　返済年限の後半に利益が上がり出すと返済元金は税引後の資金で行わねばならないので、2倍儲けないといけない勘定になるのです。

本来借入は、その借入効果が出て、キャッシュフロー増加分で返せる年限に合わせて借りるべきなのです。この長期返済に苦しんでいる中小企業は、まさに多くあります。

ここで、公的支援の要素のある日本政策金融公庫と保証協会の制度を紹介します。

【日本政策金融公庫】

・普通貸付

　　ご利用いただける方　　事業を営む方

　　融資限度額　　　4,800万円

　　特定設備資金：　7,200万円

　　融資期間（うち据置期間）

　　特定設備資金：　20年以内（2年以内）

　　設備資金：10年以内（2年以内）

運転資金： 7 年以内（1 年以内）

・セーフティネット貸付（経営環境変化対応資金）

　ご利用いただける方　売上が減少するなど業況が悪化している方

　融資限度額　4,800 万円

　融資期間（うち据置期間）

　設備資金：15 年以内（3 年以内）

　運転資金： 8 年以内（3 年以内）

注意ポイント　融資限度額と言うのはあくまでMAXです。この範囲の中でそれぞれの企業の一定枠が決まります。その同額分が、セーフテイネット貸付分にあると思ってください。

【保証協会の保証制度】

・普通保証制度略称：普通

　保証限度

　　［一般保証］個人・法人 2 億円　組合 4 億円

　　［無担保保証］8,000 万円

　保証期間

　運転資金 5 年以内

　設備資金 7 年以内

　保証料率

　財務情報等により 年 0.45％〜年 1.9％（責任共有保証料率）

　財務情報等により 年 0.5％〜年 2.2％（責任共有外保証料率）

・経営安定特別保証制度略称：セーフティネット保証

　保証限度

　　［一般保証］個人・法人 2 億円　　組合 4 億

［無担保保証］8,000万円

保証期間　運転資金　5年以内

設備資金　7年以内

保証料率　年0.9%（1〜6号　責任共有外保証料率）

　　　　　年0.75%（7、8号　責任共有保証料率）

注意ポイント　中小企業信用保険法第2条第5項各号のいずれかの規定に基づいた市町村長の認定書が必要です。これが、2つのプールで説明した緊急枠です。

　ここでも保証限度額と言うのはあくまでMAXです。この範囲の中でそれぞれの企業の一定枠が決まります。その同額分が、セーフテイネット保証分にあると思ってください。

・経営あんしん融資　あんしん借換資金＜緊急枠＞（売上減少等）

　融資対象

　指定域内に営業所又は事業所があり、指定域内で1年以上継続して同一事業を行っている中小企業者又は組合で、次のいずれかの要件を満たす方

　最近3ヶ月間の売上高等が前年同期に比べて5%以上減少している方

　売上原価の20%以上を占める原油等の仕入価格が20%以上上昇しているにもかかわらず、製品等価格に転嫁できていない方

　最近3ヶ月間の原材料費等が前年同期に比べて10%以上高騰し、経営状況が悪化している方

　経営あんしん融資（小規模企業おうえん資金又はあんしん借換資金）を受けており、借換を行うことで経営の改善や安定が見込まれる方

［中小企業者］

　法人の場合　府内に営業所又は事業所がある企業

　個人の場合　原則、府内において所得税、事業税を申告している方

［組合］

　中小企業等協同組合、協業組合、商工組合及び同連合会、商店街振興組合及び同連合

会、生活衛生同業組合及び同連合会等

※地方税の滞納がないこと

融資期間　10年以内

原則として均等月賦返済、必要に応じ2年以内の据置可

融資利率　年1.8%（固定金利）

融資限度額　有担保　2億円

無担保　8,000万円

担保・保証人　原則法人代表者（組合の場合は代表理事）以外の連帯保証人は不要

必要に応じ担保を要する

保証料率

有担保　年0.35%～年1.70%

無担保　年0.45%～年1.70%

・経営あんしん融資　あんしん借換資金＜セーフティネット枠＞

融資対象　京都府内の中小企業者、組合であって、次の両方の要件を満たす方

セーフティネット保証（中小企業信用保険法第2条第5項各号）の適用を受ける特定

中小企業者として市町村長の認定を受けた方

この制度の活用により安定的経営が見込まれ、かつ、返済の見込みが十分ある方

※地方税の滞納がないこと

融資期間

10年以内

原則として均等月賦返済、必要に応じ2年以内の据置可

融資利率　年1.2%（固定金利）

※借換の場合は1.8%（固定金利）

保証料率

年0.90%（セーフティネット保証1～6号）

・中小企業信用保険法第2条第5項各号とは

対象中小企業者が以下のいずれかの要件を満たすことについて、市区町村長の認定を受けた中小企業者
が対象。

(イ)　　指定業種に属する事業を行っており、最近3か月間の売上高等が前年同期比5%以上減少の中小企業者。

(ロ)　　指定業種に属する事業を行っており、製品等原価のうち20%を占める原油等の仕入価格が 20%以上、上昇しているにもかかわらず、製品等価格に転嫁できていない中小企業者。

注意ポイント　事業低迷時には新規借り入れより、むしろ後半解説の借り換えが焦点になる場合があります。ここで、明確な公式はありませんが、本来、借り換えと言うのは、約定期間の半分以上の返済が済んでいるという条件で可能と覚えてください。

それ以前に資金が足りなくなると言うのは経営の収支がおかしくなっているということです。

この借り換えはリスケジュール、あるいは焼き直しとも呼ばれます。

(2) リスク低減のための金融商品

金融機関には様々な金融商品のラインナップがあり、中には取り扱いの代理店という形で公的な制度の窓口にもなっています。

日本政策金融公庫の代理貸付や、中小企業退職金共済の取り扱いです。

ここで、リスク低減商品と書いたのは、経営には様々なアクシデントが伴うのでその保険の役割を示す商品ということになります。

ここで、私が経営のリスクを下げるという意味での保険商品として推奨するならば、

①小規模企業共済・・・経営者が高年齢になってからの収入リスク

②中小企業退職金共済・・・中小企業が自ら退職金を支払う財務リスク

③倒産防止共済・・・取引先が倒産した時のリスク

④日本フルハップ・・・経営者（とその家族従業員）の労災リスク

の4種類で、上から3つで三共済といわれます。

共通する要素は、

・中小企業の様々なＴＰＯで保険として役立つ

・経費処理できる税制の恩典がある

・掛け金が経営に影響する程の額にならない

ということで、掛け金対支払額の面でも、公的な制度なので、悪くはありません。

ただし、アドバイスとしては企業ステージに応じて活用してください。

ここで、小規模企業共済は、事業主の事業終了後の年金的な意味合いを持ちますが、開業したばかりのステージでは、資金をこのような商品に使うよりは事業の拡大のための広報に使うべきです。

また、取引先倒産の考えにくい業界では倒産防止共済は無意味でしょう。

節税商品であるということにメリットを感じすぎるのも問題です。

税金がかからないので「裏預金だ」と言われた方がおられました。確かにそういう側面はありますが、事業資金と言うのはすぐ使えるから意味があるのです。

換金に時間がかかり、資金繰りにタイムアウトになってしまっては意味がありません。

このあたりの企業ステージとのマッチングを銀行員はあまり考えていませんので、事業主は自分で判断しなくてはならないことになります。

ここで、保険商品と言っても

・いわゆる法人向けの保険商品

・遊休資産の賃貸経営

などの節税スキームは私は勧めていません。

これらは、バブル時代に金融機関で横行しましたが、そのほとんどは、事業の方が頓挫したり、実行後に痛い目にあっています。

これらの節税商品で共通していえることは、額が大きいので、その投資時点で、その分、キャッシュポジションを低めてしまうということです。

44

最近、政府の経済関係の担当の方が「今の企業は儲かっても投資しない。キャッシュポジション（手許現金のこと）が高すぎる」と批判的に言いますが、不確実性が増している時代に、経営者が手許現金で置いておこうと志向するのは当然のことです。

明確な戦略に基づいた投資以外は手元において置けばよいのです。

事業利益率が世界的に落ちている昨今、資金を置いておくだけで利回りよく回る金融商品などないと肝に銘ずべきです。

以下の商品は公共的な目的のもとに設計されたサービスですのでリスク低減の意味合いがあります。

①小規模企業共済

【主旨】

経営者が高年齢になってから、あるいは事業をやめてからの収入リスクを共で補うもの。

【取り扱い団体】

独立行政法人 中小企業基盤整備機構

【加入要件】

建設業、製造業、運輸業、サービス業（宿泊業・娯楽業に限る）、不動産業、農業などを営む場合は、常時使用する従業員の数が 20 人以下の個人事業主または会社の役員

商業（卸売業・小売業）、サービス業（宿泊業・娯楽業を除く）を営む場合は、常時使用する従業員の数が 5 人以下の個人事業主または会社の役員

事業に従事する組合員の数が 20 人以下の企業組合の役員や常時使用する従業員の数が 20 人以下の協業組合の役員

常時使用する従業員の数が 20 人以下であって、農業の経営を主として行っている農事組合法人の役員

常時使用する従業員の数が 5 人以下の弁護士法人、税理士法人等の士業法人の社員

上記 1、2 に該当する個人事業主が営む事業の経営に携わる共同経営者（個人事業主 1 人につき 2 人まで）

【掛金月額】

掛金月額は、1,000円から7万円までの範囲内（500円単位）で自由に選択できます。

【共済金（解約手当金）について】

1.算定方法

共済金または準共済金の額は、基本共済金と付加共済金の合計金額となります。

　共済金等の額 ＝ 基本共済金 ＋ 付加共済金

付加共済金（毎年度）＋基本共済金（固定額）

2.受取方法

共済金等の受取方法には、「一括受取り」、「分割受取り」および「一括受取りと分割受取りの併用」の3種類があります。

・一括受取り

共済金A、共済金B、準共済金、解約手当金のいずれの場合にもできる受取方法です。

・分割受取り

共済金Aおよび共済金B（※）について、次の要件のすべてを満たしている場合にできる受取方法です。

共済金の額（未返済の貸付金または未納掛金等があるときは共済金の額からこれらを控除した後の額）が300万円以上であること。

請求事由が生じた時点で満60歳以上であること。

・一括受取りと分割受取りの併用

共済金Aおよび共済金B（※）について、次の要件のすべてを満たしている場合にできる受取方法です。

・共済金A

個人事業を廃業した場合

配偶者・子以外に個人事業の全部を譲渡した場合

共済契約者の方が亡くなられた場合

全額金銭出資により個人事業を法人成りした場合（※1）

・共済金B

老齢給付（65歳以上で180ヶ月以上掛金を払い込んだ方)

【契約者貸付制度について】

共済契約者の方が納付した掛金の範囲内で、事業資金等の貸付けが受けられます。

②中小企業退職金共済

【主旨】

中小企業の退職金の原資不足を共済で補うもの。

【新規加入助成】

独立行政法人 勤労者退職金共済機構 ホームページ

【新規加入助成】

新しく中退共制度に加入する事業主に

（1）掛金月額の2分の1（従業員ごと上限5,000円）を加入後4か月目から1年間、国が助成します。

（2）パートタイマー等短時間労働者の特例掛金月額（掛金月額4,000円以下）加入者については、（1）に次の額を上乗せして助成します。

【加入できる企業（共済契約者）】

この制度に加入できるのは、次の企業です。ただし、個人企業や公益法人等の場合は、常用従業員数によります。

業種	常用従業員数	資本金・出資金
一般業種（製造業、建設業等）	300人以下または	3億円以下
卸売業	100人以下または	1億円以下
サービス業	100人以下または	5千万円以下
小売業	50人以下または	5千万円以下

【掛金月額の種類】

掛金月額の種類は次の16種類です。事業主はこの中から従業員ごとに任意に選択できます。

5,000円 6,000円 7,000円 8,000円 9,000円 10,000円 12,000円 14,000円 16,000円 18,000円 20,000円 22,000円 24,000円 26,000円 28,000円 30,000円

短時間労働者（パートタイマー等）は、上記の掛金月額のほか特例として次の掛金月

額でも加入できます。

2,000 円　3,000 円　4,000 円

【過去勤務期間の通算】

この制度に事業主が新規に加入する際、すでに 1 年以上勤務している従業員について、加入申込み時までの継続した雇用期間（最高 10 年）を通算することができます。通常の掛金とはべつに過去勤務掛金を納付します。

【退職金の額】

退職金は、基本退職金と付加退職金の 2 本建てで、両方を合計したものが、受け取る退職金になります。

退職金 ＝ 基本退職金 ＋ 付加退職金

＜基本退職金＞

掛金月額と納付月数に応じて固定的に定められている金額で、制度全体として予定運用利回りを 1.0％として定められた額です。なお、予定運用利回りは、法令の改正により変わることがあります。

＜付加退職金＞

付加退職金は、基本退職金に上積みするもので、運用収入の状況等に応じて定められる金額です。

③倒産防止共済

【主旨】

取引先が倒産し、売掛金回収が不能になる時のリスクを共済で補うもの。

【取り扱い団体】

独立行政法人　中小企業基盤整備機構

【加入資格】

会社または個人の事業者

各業種において、「資本金の額または出資の総額」、「常時使用する従業員数」のいずれかに該当する会社または個人の中小企業者（いわゆる業種ごとの中所企業要件）

【掛金月額】

掛金月額は、5,000 円から 20 万円までの範囲（5,000 円単位）で自由に選択できます。

【貸付条件】

支払われる解約手当金の 95％の範囲内です。すでに貸付けを受けている共済金や一時貸付金がある場合は控除されます。

掛金納付月数　一時貸付金の貸付限度額（かけた期間が短い場合は 95％より比率は低くなります）

【貸付制度】

貸付額　　　　　　　　30 万円以上（5 万円単位）

貸付金の使途　　　　　事業資金（運転・設備）

返済期間　1 年

返済方法　期限一括償還

返済期日までに一時貸付金の返済がないと、年 14.6％の違約金が課せられます。

さらに、返済期日から 5 ヶ月を経過しても返済がないときは、掛金が取り崩されます。

貸付利率　一時貸付金の貸付利率は金融情勢に応じて変動します。利息は一時貸付金の貸付けの際に、一括で前払いとなります。

なお、平成 23 年 4 月 1 日以降に中小機構が受け付けた一時貸付金の請求については、「年 0.9％」となっています。

担保・保証人　　　　　無担保・無保証人

【解約の種類】

共済契約の解約は、以下の 3 種類があります。

（1）任意解約

共済契約者がいつでも行うことができる解約です。

（2）みなし解約

個人事業主が亡くなった、法人（会社など）を解散した、法人を分割（その事業のすべてを承継）した場合など、その時点で解約されたものとみなされます。ただし、共済契約の承継が行われたときは解約にはなりません。

（3）機構解約

12 ヶ月分以上掛金の払込みが滞った場合に、中小機構が行う解約です。また、不正行為により共済金の貸付けなどを受けようとしたときも、機構解約となります。

【解約手当金】

共済契約が解約されたとき、掛金納付月数が 12 ヶ月以上の場合、解約手当金が支払われます。

ただし、掛金納付月数が 12 ヶ月未満の場合は支払われません。また、不正行為により共済金や一時貸付金などの貸付けを受け、または受けようとした場合も支払われません。

【解約手当金の額】

解約手当金の額は、掛金の納付月数に応じて、掛金総額に次の表の率を乗じた額となります。

掛金納付月数	任意解約	みなし解約	機構解約
1 ヶ月〜11 ヶ月	0%	0%	0%
12 ヶ月〜23 ヶ月	80%	85%	75%
24 ヶ月〜29 ヶ月	85%	90%	80%
30 ヶ月〜35 ヶ月	90%	95%	85%
36 ヶ月〜39 ヶ月	95%	100%	90%
40 ヶ月以上	100%	100%	95%

④日本フルハップ

【主旨】

中小企業事業主は経営者側ですから労働者災害補償保険には加入できません。

ただ、中小企業事業主も現業に服している場合があり、業務中事故も発生する危険性があります。そこで、加入する特別な方法が、労働保険事務組合に入り特別加入をお願いするか、この日本フルハップと言う共済事業に掛けるかと言うことになります。

【会費】

会費は業種、年齢に関係なく一律です。1 名月１，５００円

会費は毎月 7 日（休業日の場合は翌営業日）に信用金庫に開設されている法人また個人

事業主名義の預金口座から、自動振替で支払います。

初回会費は加入翌月に請求されます

入期間中に支払った会費は返還されません。

会費にはケガの補償のために必要な経費として保険料相当部分（８５２円）が含まれています。

【ご加入いただける方】

会員になっていただける方

（会員とは当財団と加入契約を締結する法人または個人事業主です。）

中小企業（常時雇用する従業者の数が300人以下または資本金の額が3億円以下）の法人または個人事業主が会員になれます。

【補償内容】

仕事中、仕事外を問わず、24時間中のケガが補償されます。

<補償費の一例>

通院したとき　1日 2,500円

入院したとき　1日 5,000円

死亡されたとき　1,000万円

通院、入院、往診補償費は治療の初日分より支払わえれます。

補償期間はケガをされた日から最長1年間の長期補償など

【共通した注意事項】

・解説の通り、三共済には積み立てた限度額において貸付制度があります。

ここで、これらの制度を使わずに、（利益のプールと仮定して）現預金に置いておいたら、税金がかかりますので節税用の別場所にプールしているという意味では確かに効果はあります。

ただし、払い出しに時間がかかると言うことも想定すべきです。資金繰りと言うのは常に時間を切られるものです。

・中小企業退職金共済において、よくあるトラブルが、会社にとって、良くない辞め方をした者にも払わねばならないということで、もし支払うのを止めようと思ったら労働

基準監督署で従業員の責での退職と言う証明を貰う必要があります。（これはなかなか認められないのです）

制度上、本人がかけているとみなされると言うことです。

この中小企業退職金共済に限らず、制度に入ると言うことは制度の仕組みの影響を受けることになりますので約定は良く読みましょう。

(3)ネットワーク活用

御社に来る金融機関の担当者の後ろには、その金融機関の支店ネットワークがあり、その取引先があります。

そこで、商品・サービスをマーケテイング・販売推進のために紹介して貰うと言うことが考えられます。

これを例えば、メールや郵送で顧客に紹介して貰うと言うのは、難しいかもしれません。金融機関は顧客情報を得る段階で、必要以外では使いませんという前提に立っているからです。

また、最近は、中小企業においても、商品、サービスが細分化・特殊化され、金融機関ネットワークに一律の情報を流しても、ヒットしないということも予想されます。

ただ、金融機関職員間で、確かめて貰うだけでも何かあるかもしれません。

それ程、金融機関の地域を網羅する力は強いと言うことです。

(4)ローカルベンチマーキング

ローカルベンチマーキングという仕組みができました。これは、財務分析のツールです。

一昔前に中小企業庁が音頭をとった中小企業の経営指標という制度がありましたが、データもととなる企業数が少なく、いつの間にかフエイドアウトしました。

これの代わりとなるもので、金融機関と連動して進めて行こうとしています。

私の予測では、これをいずれは、データベースに登録させて、これをもとに、中小企業の状況を測り、あるべき姿に持っていくというビッグデータの使い方をしたいのだと思います。では、なぜ、すぐに登録させないかというと、それはデータ管理のための予算と保守技術、管理技術が要るからです。

もっと、想像を膨らませるといずれは経営力向上計画もデータとして登録させるのでは
と思っています。

ローカルベンチマーキングと経営力向上計画のデータを整備できれば、現状と将来の景
気判断にもつながります。

ものづくり補助金の申請書作成の助言で分かったことは最後についている事業計画書
に入れる数値に対して事業主の理解がなされていないということです。はっきり言って
財務の勉強不足です。

財務の基本的なことを学習するツールとして、財務知識を銀行員に教えてもらうという
発想は良いでしょう。財務については金融マンは、しっかりと勉強はしているからです。

ここで、ローカルベンチマーキングのツールを使うことにより自社の財務数値が表に出
てしまうのは困るという企業経営者は誤っています。

企業決算というのは中小企業であれ、「公開」が原則です。

中小企業が取引を開始するに当たって相手先の信用面を測るのに頼るのは決算書しか
ないからです。

第5章　金融戦略3―戦略シミュレーション

　経営戦略とキャッシュフローは大いに関係します。
リスク分散を図る戦略など事例で学んでください。

1．リスクコントロール

　今後起こりうる経営環境の変化について、考えてみましょう。それは、調達先も、売り掛け先もリスクバランスを図ろうという動きです。
　図で説明します。イメージが沸きやすいように御社を該当企業として考えてみてください。

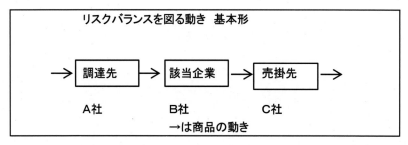

とこのような、流通経路であったとしますと災害が起こったりすると即刻、機能が麻痺します。
リスク対応としては、非常に危険な訳です。
そこで、主に調達先のチャネルを2つ以上持ちリスクバランスを図ろうという動きが既に大企業を中心に起こりつつあります。
　このようなリスクコントロールの強化期に新たな取引ルートをつかんでいる中小企業も現に存在します。
では、どのような中小企業が調達先として選択されるのでしょうか？

それは
- しっかりした技術あるいは精度の高い製品を供給できる中小企業。
- 情報管理レベル（リスク管理含む）の高い中小企業。

とこの2点がポイントです。

この際、売上高などの会社規模は評価項目としてはその後になります。

また、後者の管理レベルは出来るだけ、ISOシリーズやプライバシーマークなど、「第三者評価制度」に則っていた方が「我が社の管理は優れている」というエビデンス（証明）になりやすいでしょう。

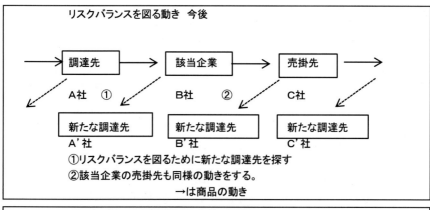

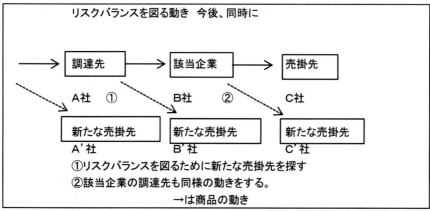

この情報管理レベルについては、個人情報を中心とした、「機密情報」に関する情報漏えいリスクはないかに加え、本稿で説明したリスクガバナンス能力はあるか、などが

焦点となるでしょう。
ここで、このリスクバランスという考えを経営的視点から再度見て見ましょう。
図を見てください。
製品の流れは、A社→B社→C社となりますが、その対価である金銭の流れは逆になります。(C社→B社→A社)

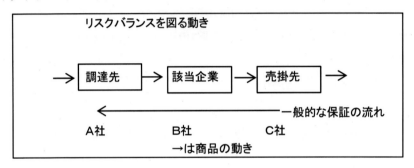

それと連動して、「保証」の流れも、C社→B社→A社となります。
保証は常々買ってあげている企業に求めるのです。企業活動における利益の源泉は売上げであり、その売上げを立たせて上げているからです。
例えば該当企業の売掛先がC社1社だけだったとします。
そのC社の業況が悪くなり今回、納品分の払いは、それが売れた後にして欲しいとの契約条件の依頼があったとします。
この場合、B社の売掛先が、C社だけだった場合、それにより、契約を断るとそれ以後の売上げはいったんゼロになり一から新規開拓せねばならないこととなります。
したがって、リスクバランスが利いていないと流通川上からの「保証」依頼を受けざる終えなくなります。逆に言えば、これが関連倒産が起こる背景です。
リスクバランスを図るというのはこのように経営の安定的視点からも有効なのです。
通常、保証の流れは物を買ってあげているという理由で流通の川下に求めていくことになりますが、レアケースとして、流通の川上の「買ってもらっている」企業の求めることが出来るケースがあります。
それは「オンリーワン商品」「オンリーワン技術」を該当企業が持っている場合です。
その意味からもオンリーワン企業は強いのです。

第2部　リスク低減のための8戦略

２．シミュレーション１

　ここでは、事業目的と借入れ形態の一致の重要性の解説です。目的と手段を合わせると言う話です。

　ここに創業者Ｓさんがいます。

Ｓさんは手持ち資金はほぼありません。しかし、資産はあります。

①居住不動産　　　　　　　評価　2,800万

②親から遺産の賃貸用物件　評価　4,000万

②は月２０万入ってきます。

創業前資産　　　　　　　（単位：万円）

居住用資産	2,800	
賃貸用資産	4,000	キャッシュイン 賃料月２０
計	6,800	

Ｓさんはイタリア料理宴店開店志望で２つの物件を探しました。買い取り物件と賃貸物件です。

A物件　　　　　　　　（単位：万円）

ロケ	住宅地
更地価格	5,000
1F店舗2F住居	3,800
住居用兼店舗に建て替え	

A物件は住宅地にある、更地で店兼自宅を建てるには8,800万必要です。

B物件　　　　　　　（単位：万円）

ロケ	中心部	
月賃料	50	
保証金	1,000	廃業で５００返る
改装一式	1,000	

B物件は都心の賃貸用営業物件です。賃料月50万です。

A物件の場合は投資が大きいので、借り入れが必要です。

B物件の場合は居住用重要不動産分の処分で賃貸アパートに住み替えれば足ります。

57

A物件の場合は両資産を処分して

4,000万+2,800万=6,800万（このケーススタディでは税金は省略します。）

開店資金=5,000万（土地）+3,800万+運転資金1,000万=9,800万

差額=３，０００万円を借り入れする計画です。

ここでSさんは面白いことを聞きました。住宅用部分を多くすれば住宅ローン３０年が使えると言うのです。

創業後B／S 　　　Aパターン（単位：万円）

資産		負債 純資産	
現金	1,000	銀行借入	3,000
居住用兼営業物件	8,800	自己資本	6,800
計	9,800	計	9,800

キャッシュアウト
住宅ローン　月9万

（＊）保証金は返還される５００万のみ計上しています。

B物件の場合は、自宅が2,800万の処分価格ですので1,000万保証金+1,000万内装で800万余りますのでとりあえず、借り入れ無しとします。

創業後B/S 　　　Bパターン（単位：万円）

	資産		負債	純資産
現金		800	自己資本	5,300
賃貸物件		4,000		
保証金		500		
計		5,300	計	5,300

キャッシュイン　月20
賃料

キャッシュアウト
月賃料　　　　月50
アパート借り　月15
　　　　　　　月65

この場合、住み替えの家賃は月15万くらいとします。

月賃料５０万+アパート借り１５万—賃貸物件の家賃２０万で４５万が月キャッシュアウトします。

Sさんは住宅ローンが使えると言うことと、自分の保有資産価値を考え、最悪、店舗部分は貸せばいいとAプランを選択しました。

A，Bプランともうまくいけばまったく問題はありません。

しかし、資産効率から言って、リスクの高いのはAプランです。

まず、長期にわたり負債が残ります。

住宅ローン30年の間には店舗改装か、もしくは立替えが必要となります。

また、借り手がつかなかった場合の返済リスクを自分で負うことになります。うまくい
かなかった営業物件の賃料は下がりがちです。ましてや住宅地です。

Bプランの場合はうまくいかなかった時はすぐ引くだけのことです。

また、Bプランの貸借対照表を見てください。

賃貸用物件と保証金返還がありますので早期に同程度の投資をもうひと勝負できます。
中心地で事業をすればマーケテイング感覚も鍛えられたでしょう。

キャッシュアウトだけで見れば、Aプラン9万、Bプラン45万と差があります。

しかし、市内中心部でマーケテイング出来る貴重な体験は、次に生きます。

このように、飲食業は借り物件で行うのが鉄則です。しかし、Aプランのような思考に
なるケースが多いのも事実です。(ケーススタデイですのでAプランが100%間違い
と言うことはありません)

　結論として、投資の目的性を明らかにして借入方法もそれに見合った形にすることが
重要です。

3．シミュレーション2

（以下の事例ではＢＧ２１というビジネスゲームの考え方を取り入れています）

もうひとつ、資産倍率を題材にした面白い事例を紹介しましょう。

・演習事例はＰという流通商品の販売店です。

・その地域市場で売れるマーケットは５００台です。（５００台は必ず売れます）

□販売店は２社あります。（A事業所、B事業所）

□１台仕入れ価格は５０，０００円です。仕入れは販売予約がついてから製造会社より仕入れとします。したがって、A事業所、B事業所が在庫を抱えるということはありません。

□市場小売価格イメージは８万の商品とします。

□期首在庫商品は０です。（仕入れしないと売れません。）

・資本金は５，０００，０００円です。（スタートは現金です。）

・事務所の賃料は1年３，０００，０００円です。

・販売上限価格は1台８０，０００円です。

・　**市場に与える影響は**

　　６０％　販売価格（どれだけ安いか？）

　　４０％　営業費（どれだけセールス、アフターフオローするか？）

　とします。したがって販売台数決定の計算システムは

・６０％４０％の重み付けですので、

３００台の販売受注は　販売受注割り当て比率＝自社の８万よりの割引額÷全社の８万よりの割引額

２００台の販売受注は　販売受注割り当て比率＝自社営業経費÷全社営業経費で決定されます。

・但し、値引き額、販売広告費支出はＰ／Ｌの利益圧縮に影響します。

・市場の競合会社との関係で売れ具合が決まります。資金ショートの際にはA事業所、B事業所とも、地元の信用金庫に年利３％で短期貸付を事前にお願いしています。

60

第２部　リスク低減のための８戦略

・ここで両者の戦略です。

　　A事業所は営業員で営業アフターフオローを書ける戦略にしました。

値引きは１万円に抑えました。

（単位：千円）	販売単価	値引き
A事業所　値引きは抑える	70	−10
200万で2人の契約　営業員	200	

　　B事業所は資金繰りを安全にと、営業コストを５０万に抑え、値引きを１万５千円しました。いわゆる価格訴求戦略です。

（単位：千円）	単価	値引き
B事業所　値引き訴求	65	−15
営業員雇用1名	50	

A社、B社どちらに利益が残ったと思いますか？

この戦いは最終利益を基準とすると日本人的感覚ではB事業所が勝ちそうですが、利益の残ったのはA事業所です。

値引き幅　A△１０：B△１５＝２：３で３００台はA２：B３の配分になります。

営業費用　A２００：B５０＝４：１で２００台は４；１の配分になります。

市場結果シェア	Aの決定要因とシェア		Bの決定要因とシェア	
値引きによる心理効果配分	−10千円	120台	−15千円	180台
営業マンによるセールス効果配分	200万円	160台	50万円	40台
	A販売結果	280台	B販売結果	220台

　　結果、両者の損益計算書は

（単位：円）

	A事業所	B事業所
売上	19,600,000	14,300,000
売上原価	14,000,000	11,000,000
粗利率	28.6%	23.1%
粗利額	5,600,000	3,300,000
賃料コスト	3,000,000	3,000,000
営業コスト	2,000,000	500,000
営業利益	600,000	−200,000

61

となります。結果、１年後の貸借対照表は以下のとおりとなります。

A事業所

資産		純資産	
現金	5,600,000	資本金	5,600,000

B事業所

資産		純資産	
現金	4,800,000	資本金	4,800,000

これは値引きによる効果は制限があり、わずかなさしか出ない一方、営業経費のかける最大値はなく、A事業所が営業力で市場を抑えにいった効果です。

さて、ここで期中資金ショートを起こす確率といえば、それが高いのはやはり「A事業所」です。

年間の販売管理費が資本金と同額の５００万ですから、仕入れと販売から入金までのサイトで資金がショートする危険性があります。

しかし、こんなときこそ金融と言うバッフアを使うべきなのです。

ちなみに、年利３％で借りたとしても、すぐ返済すればA事業所とB事業所の利益の差は逆転しません。数ヶ月だけの先の売上げが見えているので金融機関も貸すでしょう。

金融機関としては少し在庫を持ったらというアドバイスもするかもしれません。

結論として何に投資するのかをと考えるとマーケットでの差別化の意味合いが大きくなります。

この事例は、事業主は運転資金の投資のための借り入れと言う発想にはなりにくいと言う証明でもあります。

ならば、投資の有効性を、差別化と言う意味で今一度検証すべきです。

（これもケーススタデイですので重みつけの配分はあくまで仮定です）

第2部　リスク低減のための8戦略

第6章　新マーケテイング戦略

1．従来の論理が通用しなくなった

　この章だけ新とつけています。まず、従来のマーケテイング論が通用しなくなったということを認識してください。

ここまで、踏み切って書いているのは本書だけだと思います。

なぜ、通用しなくなりつつあるのかということを説明します。

理由は

・ＴｏｔＩの進展⇒ユーザー（消費者）と常に繋がっている

・ビット経済の進展⇒ＩＴでの通信コストやツールが無コストに近い程に低減

・消費ニーズの多様化⇒商品ライフサイクルの短命化

です。

従来のマーケテイング行為とは何だったかと言うと、コストの関係で、市場全体には広告できないので、合理的な公式で市場を絞ると言う行為でした。

その絞ると言う考えの裏側の論理として、市場にはまだ空きがあると言うことでした。

では、現在はどのような環境でしょうか。

・ＩｏＴの普及で全ては繋がっており、ビット経済の進展でメッセージを限りなく安いコストで配信することが可能な時代

・一般的な商材・サービスを販売しても市場に全く隙間がない状態

ということです。

中小企業は自社のコアな技術を生かして何らかのニーズに特化して生き残りにかけるということに尽きます。

ここで狙うのはニッチな市場と言うことになります。

ニッチな市場で採算を合わせると言うことは商圏は広げなばならないということにな

63

りますが、ここで、ネットで全ては繋がっているということにリンクして行きます。

以前のマーケテイングでは市場を合理的な手法で絞る公式が重要だったと申し上げました。

では、今は何が重要かと言うと、市場は全て繋がっているのですから、消費者を響かせる技術であり、学問で言えば「心理学」です。

２．従来のマーケテイング論がなぜ今使えないか

(1)ライリーの法則

商業立地の損益試算をするための代表的な法則です。米国の経済学者ライリーが 1029 年に実証的に発見したものです。

「ある地域から２つの都市Ａ、Ｂへ流れる購買力の比は、ＡとＢの人口に比例し、その地域からＡとＢへの距離の２乗に反比例する」ことを言います。

これは、何を示すかと言うと、購買力は商圏（周辺人口）に正比例し、商業店舗（集積）との距離に反比例すると言うことです。

これが現代に合わないことは既にお分かりだと思います。

砂漠の様なところでのみ成り立つ公式です。そもそもオーバーストアの現代には使えません。

(2)マイケル・ポーターの 5 Forces

ハーバードＭＢＡの教授、マイケル・ポーター氏が提唱した有名な戦略フレームワークが 5 Forces です。

5 Forces とは？

マーケテイングは

・新規参入業者

・代替品（間接競合）

・供給業者

・買い手（顧客）

・競争業者（直接競合）

の5要素で決まると言うことを示します。

これについては、「消費者はより品質のいいものをより低価で買いたい」ということを真実として捉えるならば、合理的な解決法がありません。

この5要素の全てに対応しようとすると経営が窮屈になるだけです。

最近、神田昌典さんが「努力すればするほど売り上げが落ちる」と言っていることに繋がります。

唯一中小企業戦略で通用するのは、代替品で参入する異業種からの参入の戦略です。

このマイケル・ポーターの5Forcesにしても外部環境（機会と脅威）と内部環境（強みと弱み）の整合性を図るSWOT分析と言う環境分析にしても、日頃、経営者は頭の中で実践しているものです。

この思考法は現状認識に使えるだけで、この延長線上に活路はありません。

(3)マズローの欲求5段階説

人間の欲求は5段階のピラミッドのように構成されていて、低階層の欲求が充たされると、より高次の階層の欲求を欲するというものです。

マズローの欲求5段解説

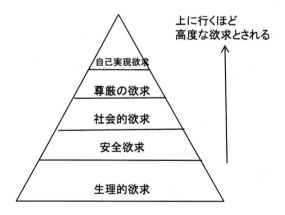

第二階層の「安全欲求」には、危機を回避したい、安全・安心な暮らしがしたい（雨風

をしのぐ家・健康など）という欲求が含まれます。

この「安全欲求」が充たされると、次の階層である「社会的欲求（帰属欲求）」（集団に属したり、仲間が欲しくなったり）を求めるようにします。この欲求が満たされない時、人は孤独感や社会的不安を感じやすくなります。

ここまでの欲求は、外的に充たされたいという思いから出てくる欲求といわれます。

そして、次に芽生える欲求は、第4階層である「尊厳欲求（承認欲求）」（他者から認められたい、尊敬されたい）です。ここからは外的なモノではなく、内的な心を充たしたいという欲求に変わります。

「尊厳欲求」が充たされると、最後に「自己実現欲求」（自分の能力を引き出し創造的活動がしたいなど）が生まれます。コンサルタントはとかくこの法則が好きでよく本で取り上げられます。そこには、目指すべきは5段階目と書かれています。

しかし、本当に人間は5段階目の自己実現のために消費するのでしょうか。

この5段階目は、生きがいの世界であり、商業が最も成り立つのは3段階目の社会的欲求のゾーンです。所有の欲求は、このゾーンになります。

店舗内である商品を買おうかどうか迷っているお客さんがいたら、店員はその商品で叶える夢を語るより、残数あとわずかとアピールした方が良いのです。

人間の欲望がこの理論の通りに高次にレベルアップしていくことについては否定しませんが、生きがいの本質は金銭欲の関しない世界では無いのでしょうか？

商材の購入に関してはいまだに所有欲が一番のトリガーであり、自己実現の欲求は、所有欲への言い訳とすると考えた方が分かりやすいのです。

最近は事業ミッションがハイセンスになり過ぎて一向に売上が立たないと言う事例が良く見られます。

現状の苦しさからこのようなミッションにすがりたくなるのは、良く分かります。

しかし、最近のビジネスはお客さんとの心理戦と言う側面が強く、そこから逃げてはいけません。

(4)ランチェスターの法則

ランチェスターの理論では、労働者の工数ウェイトを分解して、

・営業している顧客との接触時間を出来るだけ長くする

・営業に与しない移動時間を出来るだけ少なくする

ということが重要であり、それによって導かれる結論は、地域を狭く限定して、シェアトップを取るというものです。ここでは、大手の来ない地方を狙います。

この移動時間を短くするということについては、まさに、経営のポイントであり、否定はしません。

しかし、人口減少に移っていく先進国においては、同一エリアに商圏を固定すると、世帯数が減少していくということが起こりますので、検討すべき時期に差し掛かっているのではないでしょうか。

マンパワーで戦うと言うこと自体が消費人口減少、消費力低下、働き手減少でそもそも成り立たなくなってきているのです。

では、どうするかについては、販売に常にレバレッジをかけて行くことが不可欠です。

3．新たなマーケテイング手法

(1)前提となる事項

　ここで、前記の既存のマーケテイング戦略が合わなくなってきている現状を踏まえ、新たな考え方を纏めましょう。

　今までのマーケテイングが顧客対象を合理的な公式で限定化して、そこに広告経費をかける発想だったのに対して、新たなマーケテイングの世界では、全ての消費者とのつながりは既にあります。

その全てにメッセージを投げて反応させるのが新たなマーケテイングです。

錯覚してはならないのは、繋がりがあると言っても、全ての人に反応して貰おうということではなく、特定ニーズ（ウオンツ）を販売者側で決めて、それが合致する人に手を上げて貰うと言うことです。

全てに繋がりがあるということは、必然的に、商圏と言う概念は薄くなります。

今後の人口減少も踏まえて、商圏と言う概念を外さねば、採算は合いません。

特定ニーズに絞ると言うことからも商圏を広く取ると言うことが言えます。

その上で、販売スキームとして作るべきは顧客の昇りやすい段階的システムです。
では、新時代のマーケテイングについて、そのステップごとに検討してきましょう。

(2)顧客の段階的アプローチ
現在のネットツールを活用したマーケテイングは顧客側から見てアプローチしやすいそう「細かい階段」を作ることが重要と言われています。

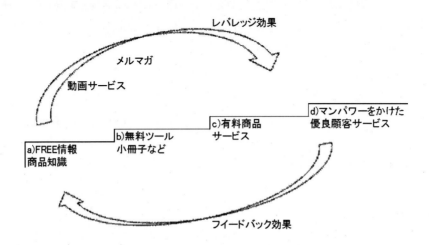

ここでまず、顧客情報管理はリ2段階目、3段階目からで良いと言うことです。
2段階目からこちらからPUSHするためのリストと繋がります。
これは実際にランニングを始めたら分かることですが、未取引先にまでマンパワーをかけて顧客特性分析をしてもペイしないと言うことです。
これは換言すると
・それだけ多くのリスト、あるいは、アクセスPVを保有していないと、市場で勝負にならない（上記階段を昇っていかない）
・顧客の方から買いたいと手をあげてくれるシステムを作らないといけない
ということです。
これが近年のマーケテイングで言われているところの「漏斗（じょうご）の理屈」です。（本書では階段で示しています）

各段階について説明しますが、どのようにすれば、次の階段へランクアップするというテクニック論は省きます。

a)FREE部分・・・これは、自らの販売する商品・サービスの基礎情報に当たる部分です。ここで、購入された後の使用法などの教育もしていることを理解してください。無料で消費者に商品知識を与えるという戦略が時代の潮流になってきているということは、消費者は「情報の非対称性」を嫌うようになってきたということです。

情報の非対称性とは商品・サービスの販売側だけが情報を持っているという現象で、アンフエアと感じるようです。

ということは逆に言えば真っ先にその業界での情報開示を勧めた企業はパブリック（公共的）なイメージが出来ると言うことです。ですから、FREE戦略をするなら「業界で真っ先に」です。

b)無料サービス〜c)有料サービス・・・この段階では、ステップアップの比率がつかめるようになり、結論として分母であるリストを多く言う持つ方が有利と体感できるようになります。これが昨今、リストが大事と言われる所以です。

d)マンパワーをかけた優良顧客サービス・・・この最終段階を入れるべきです。

商品・サービスでフロントエンド、バックエンドと言う言葉が最近よく言われますがバックエンドに当たる商品です。

なぜ、このステージが必要かと言うと

・利益率が大きい

・ユーザーと社員が会話することにより次の商品設計のヒントを得られる

という二重の意味があります。

これがa)の情報提供のステージに戻り、次の商品・サービスへ繋げると言う無限の循環となっていきます。

このように、考え方として必ずお客さんとの会話と言うアナログな部分を残しておくべきなのですが、この例のように最終ステージに残った重要な顧客にした方が経営上合理的ということになります。

(3)リスト作成の必要性

ホームページ等は誰でも見られるので見て貰うというＰＵＬＬ戦略なら良いのですが
メッセージを投げかけるＰＵＳＨ戦略となるとリストが必要ということになります。

あのベネッセコーポレーションの顧客リスト流出事件で情報流出した世帯数を覚えて
おられるでしょうか。８０万世帯です。

これはわが国の学習する人のいる世帯数を考えるにかなりのウエイトとなります。

今や、流通・サービスにかかる大企業はこの程度の名簿数は保有しています。

ここで、必要リスト数については多ければ多いほど良いとします。

マーケテイングの定義が絞る時代から、つながっている時代になったのですから、日本
の、いや、世界の全ての名簿保有を目指す時代になって来ています。

最も有効なのはメールアドレスになりますので名簿という形態からリストと呼ばれる
ものに変わりつつあります。

この段階では顧客特性抜きの記号で良いのです。

(4)売上見込みを計る新たな指標の必要性

ここで、近年のネットツールを広報媒体とした、新たな指標を解説します。

まず、基本的な考え方して、プッシュ戦略とプル戦略があります。

プッシュ戦略とは前項で説明したリストにメッセージを送る方法です。

プル戦略とは顧客からサイトにアクセスして貰う方法です。

通常、ＰＶ（＊）で図ります。

ＣＶＲ（＊）とはアクセスしてきた人が問合せする比率です。

これは、サイトにアクセスした人が、どれほど問合せページに行きつくかと、問合せ画
面を見た人がどれほどアクションするかの２段階に分解されます。

この反応率は業種・業態で違うことになり、公式化して一概に何％とは言えません。

次に普通のネットマーケテイング本ではＬＴＶ（＊）という顧客生涯価値と言う考えが
出てきます。

顧客の生涯での売り上げを想定いて、マーケテイング経費をかけよというロジックとな
りますが、これは、机上の論理であり、ＬＴＶは現実的には分かりません。

どれ程、リピートするかについては売る側の商品開発力にも関わってきますし、その商品も短命化しているのが現状です。

ここで楽観的なＬＴＶを設定すると後で困難な事態に至ります。

それ程に

・商品ライフサイクルが短命化している

・市場が冷えていくことが予想される

・リピート購買につながるような商品開発が出来るかどうかという課題

があります。

実際には時代に即した商品・サービスをその時点で考えていくと言うことしかありません。

＊）ＰＶ・・・Page View

ＣＶＲ・・・Conversion Rate

ＬＴＶ・・・Life Time Value

(5)配送コストと物流

これは、以下の要素を含みます。

1)在庫管理　2)輸送管理（ロジステイックス）3)回収問題　4)アフターケアの問題

の４点となります。

これからはニッチなニーズで採算を取ろうとすると市場は日本全域になります。

1)～4)の課題は論理では分かっていても実際にランニングを始めたら改めて実感することになります。

その時に慌てても遅いので予め想定して動くべきです。

これらの課題は商品・サービスのソフト部分が大きくなるほど軽くなります。

1)在庫管理

なるべく在庫は、持たないようにするのが正解で、生産委託・在庫管理委託する方式が考えられます。

在庫管理と輸送管理（ロジステイックス）含めて倉庫業者と提携する方法があります。

最先端の倉庫業者は配送機能も保有しています。

2)輸送問題は、今後コストアップが懸念され、我が国の深刻なボトルネックとなってきます。

3)回収問題はカード決済やネットバンキングと言う取引方法が一般化しつつありあまり問題にはならなくなってきました。

4)アフターケア問題は利用方法のマニュアル化が考えられます。

いずれにしても、全ての課題で電話オペレーション対応の体制を整えるのが必須となります。

(5)仕組みにレバレッジを隠すこと

先程のステージアップの仕組みで、

・動画　　・メルマガ

等は、昇段の誘導材になります。ここで、この誘導財が有効となるためにはレバレッジ（乗数効果）が含まれているからです。

それは、そのステージに滞留している全員にメッセージを投げかけているのに対して、それを受け取る側のユーザーは自分ひとりに語りかけていると錯覚させる効果です。

近年、1対1で営業をかける化粧品訪問販売、車のセールスマンなどは姿を見なくなりました。

レバレッジをかけない営業マンを使った営業行為は今後、コスト面で成り立たなくなります。

これからの時代はレバレッジのかけ方の勝負となるでしょう。

・時間的効果

・費用的効果

に加えて、

・顧客が賛意を示して自ら動いてくれる効果

が要点になってきます。

このレバレッジの仕組みは外から見えない仕組みであるほど効果的となりますし、ノウハウとして権利登録して行くことも必要となってきます。

第2部　リスク低減のための8戦略

日本ネスレのユーザーに動いて貰うシステムであるアンバザダー制度はこのレバレッジをかけた戦略として秀逸です。

今やトヨタを抜いて我が国のリーデイングカンパニーという見方さえされています。

(6) 新規顧客とリピーター

結論から言って新規顧客とリピーターの両方が経営維持にとって必要です。

ここでは、そのあるべきウェイトは言いません。

よく、そのどちらかの客層に偏っての必要性を書いた著作がなされますが、片方だけの推進で経営維持は不可能です。

かつての人口が増加して行く時代には新規先獲得だけにウエイトを置いていれば良い時代がありました。

その後、高度経済成長時代（成熟社会）が到来し、リピーターだけを管理していれば深掘効果と口コミ効果で経営できると盛んに言われた時代がありました。

しかし、今後は消費者の高齢化、あるいは、商品ライフサイクルの短命化により

嗜好は移ろいやすい時代になりますので、リピーターの母数は減ってきます。

錯覚してはいけないのは、リピーターによってお店が支えられていると言うのは幻想なのです。極端な言い方をするとリピーターだけに客層を頼っているようなお店はもはやお店ではなく、フアンクラブです。そのような雰囲気の店にはフリーの客は入れません。

また、例えば、貴方は、リピート来店していて自分がこの店を支えていると言う先をいくつ持っているでしょうか？

環境激変下では、現在と5年ほど前は客層が全く変わってしまっているとう方が正解であることが多いのです。

それ程、世の中は変化しているし、その変化に合わせて経営革新している企業の方が生き残り組みなのです。

(7) A／Bテスト

A／Bテストの手法が注目されています。これはシンプルなもので、Aの方法が良いのか、Bの方法が良いのか、ということで常に反応の良い方に寄せていくということです。

73

これを測るためにテストの変数は多くしてはいけないと言われています。

どの変数要素の効果か分からなくなるからです。

A／Bテストの考え方を改めて見てみると消費者の嗜好に合わせると言うオーソドックスなものです。

しかし。旧マーケテイングの中で育った人が常にその発想でマーケテイングしてきたかと言うとそれはNOであり、商売の基本に立ち返るということになります。

(8)コンプライアンスの必要性

ここで、

・消費者とのつながりがある時代

・行動に移させるための心理学が重要

となると、つい陥ってしまうのが「煽る」という行為です。

CMで良くある「残りあと僅か」というキャッチコピーは本当なのでしょうか?

そういう煽りについて、消費者は敏感になってきている時代です。

これには、企業自らが注意すると言うこと以外にありません。

もう一点は、顧客の各段階のランクアップの比率が掴めてきますので、分母を増やすために名簿を不正な手段で入手するという発想に陥りがちだと言うことです。

このような手段で取得した名簿は、「薄い」名簿とも言われ実戦ではあまり役に立ちません。その対句となる「濃い」名簿とは自社でじっくりと育てた名簿です。

(9)究極のマーケットインの世界に

従来よりプロダクトアウト(作ったものを売る)、マーケットイン(望まれるものを売る)という2つの対立する概念があります。

この中で、新たなマーケテイングの考え方は後者です。

情報商材ビジネスと言う、100％ソフト販売の業態類型がありますが、その中で言われていることは、商材は、予約がついてから作ると言うことです。

これをあまりにビジネスライクとだけ見るのは間違いです。

これこそがマーケットインの発想法であり、望まれているものを作ると言う考えです。

74

そう考えると製造業から小売業にいたるまで、顧客第一志向と言いながら、棚に並べて売っていただけなのではないかという反省が生まれてきます。

その矛盾がどこに出てきているかと言うと、売れないと言う現象であり、需給ギャップと言う言葉でも表わされています。これを不況という言葉で政府に文句を言ってもそれは筋違いです。

これは大企業でもおかしやすい誤りであり、東南アジア、中国に一斉に家電メーカーが進出した時代にも日本の製品は品質は高いかもしれないけれど、ニーズに合わないということで嫌われた歴史があります。

２０１６年、シャープが台湾企業のホンハイに買収され大きな反響を呼びました。

これはユーザーとのつながりの系列に置いて、アップルーホンハイーシャープという最も遠いところに置かれてしまったということを示します。

製造業に川上―川下という概念があります。ユーザーに近い方を川下と言うのですが、そもそもこの言葉使いこそがプロダクトアウトの発想であり、私はこの時代に言葉の使い方を逆転させないとおかしいのではないかと思います。

日本人のある意味最も苦手なマーケットインでの生き残りの競争は既に始まっているのです。ここまでを総括すると

・トップが旧マーケテイングの考え方と決別して、ユーザーとの繋がりの中で新たなマーケテイングの世界に踏み切ることを決断する。

新たなマーケテイングの世界でのキーワードは

・心理学・リスト・Ａ／Ｂテスト・在庫管理、輸送技術
・究極のマーケットインの考え方・企業コンプライアンス

ということです。

(10)Ｂ２Ｂ及び製造業の対応策

「はじめに」で、製造業もこの新たなマーケテイングの潮流に乗るべきだと申し上げました。ここでは、その際の考え方のみを説明します。卸売業も同じです。

共通点はというと、最終ユーザーには売っていないと言うことです。

新たなマーケテイング手法とは、マーケットインと言う考えで、ユーザーニーズを製品

に反映して行こうと言うことでした。

そこで、考えられるのは２通りで

・川下と組んでユーザーニーズを聞き、商品開発する

・流通の中でユーザーとの距離を縮める（あるいは、ニーズを吸収するアンケートだけでも直接取る）

となります。後者については今回の中小企業事例で株式会社　エールの事例に置いて、小売を通じて売られる自社商品に直送されるアンケートをつけて、分析して自転車サドルカバーの開発に賭けました。その結果、その商品分野では、Ｎｏ１企業になった事例を掲載しています。

オンリーワンに近い技術、商材を持っている企業は川下から指定されますので、生き残れます。しかし、実際には、どこでも同じようなものを取り扱っている世の中で、川下とのパワーゲームが逆転しているケースは稀です。

あくまで、前述の２つの戦略が基本であり、ユーザーに近づかない限り、活路はなく、そこを品質向上、リテールサポートなどと言葉で誤魔化すのは欺瞞であると思います。

この他にも活路を開拓する方法は後２つあることはあります。

・Ｂ２ＢのＢをＣに転化させる。

商品流通に限れば、理論上、次のＢを飛ばすか、川下を取り込むしかありませんが、ＢをＣに転化する手があります。例えば、資金繰りに悩んでいるというニーズを捉えれば、ほぼ全ての企業に当てはまります。そこで、川下に補助金・助成金のスキームを取り込んでユーザーに販売する仕組みを教えてあげれば、ユーザーのメリットにもなります。実際この手法で伸ばしている設備業者、省エネ業者は存在します。

・Ｂ２Ｂ流通の遅れている海外に進出する。

これについては、卸売業者などで、東南アジアで復活している企業はあります。

我が国のきめ細かい商品管理の技術は進んでいるのです。（第１２章　海外戦略を参照ください）

今回、このＢ２Ｂ戦略については、サマリーに抑えておきます。

第３巻の「販売戦略の新理論」で詳しく述べます。

第2部　リスク低減のための8戦略

第7章　労務管理戦略

　労務管理に関する項は視点が多岐にわたります。

概論ではまず、労務管理の考え方を説明します。

労務管理では、社内の士気を上げると言う側面と、コンプライアンスを守らせて悪い方向へ行かないようにリスク管理をするという両面を解説しています。

また、労働行政所管からの臨検検査での良くある指摘事項からどのような労務管理を行って行くべきかを逆算的に考えていただきます。

最後に労務管理のツールの解説として、評価基準や研修制度はいかにあるべきかをロジックで理解できるように解説しています。

自社戦略はいかにあるべきかをじっくり考えながら読んでください。

1.　労務管理概論

(1)性悪説と性善説

ここで、これからの論において、従業員を性善説で見るのか、性悪説で見るのかということについて論じておきます。

一般的に経済学では性悪説、経営学では性悪説をベースにしていると言われています。

本書では、評価制度・研修制度と経営戦略のクロスするところでは性善説で、リスク管理の中の不詳事故対策では性悪説で、見ることを前提としています。

これは、イメージとして日々、少しずつ善の方へ、あるいは悪の方へぶれて行って極限まで行くイメージを持ってください。

ぶれて行くというのは、経営側が誘導していってという意味です。

悪の方へ誘導というのはおかしいではないかと言われるかもしれませんが、不祥事件では、不祥事故を起こす社員は小さな不正から始まってばれないことをいいことに徐々に

77

踏み外していくのが一般的で、そこにチェックシステムを敷かない限り、誘導しているのと同じという意味です。

この良い方へも、悪い方へも想像力を働かせると言うことが重要であり、かつ、常に意識してないと出来ないことです。

(2)経営戦略とのクロス

評価制度・研修制度策定ともに戦略を練ることを前提にしています。

なぜ、それを前提とするかについては、①効果性と②必然性の観点からです。

労務管理の内、士気(モラール)の管理とは全社員が目指すべき方向性のベクトルを合わせると言うことです。

それが戦略です。

第3部の企業事例に置いて、モラールの高い会社には必ず、その会社なりの独特の戦略があります。

流通関係の業種に至っては、環境が変化しますので、常時、戦略を見直す体制を作るべきです。

最も、労務管理で効果がないと思われる方法は、経営戦略を不可変にして、評価制度・研修制度のみを強化する手法で、いわゆる「やれば出来るという体育会系精神」で乗り切ろうとすることです。戦略は変えないまま、「営業マン研修」などに派遣する会社です。このような会社は無理をして、はっぱをかけると業績数値が伸びても内容が伴わずに、長期で見れば逆に業績がしぼむという悪循環が生まれます。

第2部　リスク低減のための8戦略

２．モラールアップ施策

　支店内ムードを盛り上げるためにはどうしたらよいのでしょうか？

Ａさんが、経理で不正をしているらしい、どのような対応を取ったらよいのでしょうか？

このような、労務・人材活性化の問題にすぐに答えが出せるでしょうか？

設備をいかに動かすかという命題ならば比較的簡単ですが、今回は相手が心を持った人なのでその管理技術はより上位レベルになります。

労務管理の対応にも定石があります。これも勉強しなければ身につきません。

モラールアップには、

・テクニックと・センス

が必要です。

モラール管理のうまい人（経営者）というのはいます。

しかし、学習して策を施すことにより、改善はできます。

まず、モラールアップ策の第一番は、モラールを低めることをしないということです。

トップが自社の社員の能力の低さを嘆いてしまうというのは、よく見られることです。

これが、最も社員のやる気をなくすことです。

ここで、経営者は、日々、モラールアップにつながることとは何かということを考え続け実践していかないと、一朝一夕には成しえないということを自覚すべきです。

これは、社内全体を常に見回して、策を施すべきです。

ありがちな光景として、社員のうち、業績の良いものだけを想定して、モラールアップ策がなされるケースであり、成績下位者は参加できていないというケースがあります。

業績評価ならまだしも、トップに気に入られているかどうかだけで、全ての評価が決まってしまう会社は特に要注意です。

ここで、会社内でモラールの最下位者はリストラで、会社を去るべきなのでしょうか？

筆者はその論を取りません。その大が会社の負の部分を請け負っているのです。

例えば、このケース、会社でお荷物とされていた社員が、ハラスメントにあい、離職すると、病根が取れたわけではなく、新たな問題児が組織内で現れるのが一般的です。

79

優秀な管理者ほどこの間違った思考に嵌りがちです。

しかも、そのような、ハラスメントのある職場というのは、特にその会社にとっての顧客から見たら不快に映ります。

モラール管理の達人と呼ばれる大はこの理屈が良く分かっておられる方です。だから、そのような人の管理する職場に行くと「食堂のおばさん」までもが愛想が良いものです。

モラールが上がって行ってついていけない人が自分から退職を申し出るという職場にすべきです。

モラールアップ策も経営戦略実行を挺子にした方がやりやすいということがあります。

そして戦略は細部に宿ります。

モラール管理についていいますと、統一した思想で表彰制度・朝礼・忘年会・社内福利厚生などを通じて、策を施していくということです。

3．労務リスク管理対策

　コンプライアンスとは道徳的な側面から言うと、企業モラルを守るということですが、法的な側面から言うと法律で定められた他者の権利をおかさないいうことです。

ここでのルールのおかし方は

・知っていておかす

・知らないでおかす

という2種類があり、前者は「ばれなきゃいい」という発想です。

まず、当社の読者層として、このような方はおられないと思います。

経営を定められたルールのある中での競争と考えるとルール違反しての生き残りはアンフエアであり、否定されるべきものです。

よって事業主のモラル論は省いています。

後者の知識不足は勉強すればいいだけのことです。法をおかして、「知りませんでした」では、済まない時代であることも理解してください。

世の中が複雑化・専門化する中で順守すべき法律の方も倍速で増えていることも事実で

す。ルール違反を広義にとらえると払うべき税金の未払いも入ります。

コンプライアンスでの大きなものは

①労務リスク②知財リスクとなります。

このうち①の労務リスクは労働行政の様々な所管がいかなる検査をして、いかなる指摘をするかという解説からも捉えていく構成としています。②の知財リスクは知財戦略の中で解説します。

①不詳事故予防

不祥事故の予防策のポイントはチェックシステムには性悪説の考えを織り込むということです。

これはシステムとして、織り込むと言う事で常に性悪説で社員を見ると言う事ではありません。

リスク管理の体制を引くということです。

この点が理解できずに、チェックポイントを設けないというケースが多く見られます。

不祥事故のほとんどは、簡単な不正から徐々に踏み外していくと言うパターンであり、ここでは

・通勤交通費請求

・出張旅費請求

の厳正化を勧めます。

過去、通勤交通費の精査で何の問題点もなかったという会社は私の関与する限りではありません。

逆に言うと、こういうところから踏み外していって、不正に至ったケースが大部分です。

このようなところに不正の芽は内包されていると言って過言ではありません。

このように、チェックをかけていくのは「躾（しつけ）」のレベルであり、社員は「躾された方が幸せ」と理解して、事業主は自信を持って指導していくべきです。

②不詳事故対応策

不詳事故を起こってしまった場合、どうしたら良いのでしょうか？

意外と、アドバイスしてくれる機関がありません。内容的に弁護士の範疇ですが、被害額と言うところからは成功報酬につながりにくく消極的です。

また、民事でも、刑事でも中小企業の場合は事件として立証しにくいと言う点があります。

逆に使用者責任の責務も発生するケースもあります。

下手に表に出して、その不正の伝票類に会社側の管理者の認印があった場合、共同正犯まで問われかねません。

「けじめをつけたい」とは、そういうケースで代表者が言う言葉ですが、結果としてそうならない（事件化できず、悪い噂のみを広めてしまう）ことが想定されることを理解すべきです。

事件を起こした労働者の保証人に対してもソフトに、対応をすべきです。

近年は判例を見ても、入社時の包括的な保証に対して、保証人に責を負わせるのは酷と言う流れがあります。

これには、使用者責任もあるという考えも入っています。

特に保証期間が切れているケースで、親が払うのが当然だと言う態度で交渉すると、逆に訴えられかねないので要注意です。

以上より、その横領した者より会社は被害を受けた分を回収していかねばならないという結論になりがちです。

ほとんどのケースで該当者は会社に迷惑をかけたと言う意識はあります。

退職時に一種のかけひきは必要となりますし、その一段階前のステップとして、全ての行為を、白状して貰うことに注力すべきです。

そうしないと後任者が、疑心暗鬼の状況になり顧客対応全力投球できないこととなります。

第 2 部 リスク低減のための 8 戦略

4．労働行政の検査から見るリスク管理

　ここでは、行政官庁の中で厚生労働行政を担う労働基準監督署、労働局、雇用保険事務所、社会保険事務所からの臨検検査と言う視点でいかに対応して行くべきかを解説しています。検査をいかにクリアーしていくかという方法論としてだけではなく、普段からいかに労務管理をして行くべきかという視点で読んでください。
臨検検査で問われるのは決して難しいことではなく、基本的な労働法規を順守しているかと言うことです。

(1)検査に入る理由
これを知ることによりいかなるロジックで指摘してくるかが分かるので重要です。
・労働者保護
・公平な保険料徴収
・助成金検査は正しく運用をしているか
検査には定期検査と特別検査があります。
特別検査は何らかの情報により臨検される場合が、ほとんどですが、何が理由かは御社側で推理するしかありません。
残業未払いなどの情報はお金が動機ではなく、慢性的超過勤務で、労働者の身体を家族が心配してと言うケースが良くあります。
よって、露見してしまった場合には真摯な対応の方が結果的にうまくいきます。
強硬な態度は、事態をこじらせると言うことになりがちです。
競合の他事業所からの電話により入るケースもあります。
このような場合もまずは冷静な対処がポイントです。
次に、信じられないかもしれませんが、不正摘発の場合、情報の出元として最も多いのが事業主本人なのです。
「こんな法の逃れ方で得した」「こんなやり方あるのを知っているか」など言い方は様々ですが、人は秘密を守り通すというのは難しいものなのです。
悪いことはいずればれるというのはこれがあるからです。

83

臨検する理由と事務所側の対策はリンクします。特別検査には抽出検査と言ってサンプルとして検査される場合がありますが、各所管も忙しいので何らかの理由で来ていると思う方が合理的です。

検査の目的が、最後まで分からない場合もあります。以下、精読して、ケースごとの対応の方法をつかんでください。これを知っておくか知らないかでは結果で天と地ほど違いがあります。

(2)検査の種類

定期検査・・・雇用保険検査・社会保険検査における定期検査は検査官は2年に1度と言いますが検査する方の人数も限りがあり、そのスパンでは通常は来ません。

特別検査より指摘度合いは緩いので恐れることは一切ありません。

特別検査・・・労働者本人・家族・親族の申告がほとんどです。ライバル企業に寄る情報の場合もあります。

労働基準監督署調査はこの特別検査が多いですが、誰からの情報で来たか担当官は守秘義務があり言いません。

臨検検査・・・臨検検査とは検査員が事務所所在地を訪問して、検査すると言うことです。

なぜ、臨検するかと言うと

・その場で現物調査が出来る。(厚生労働省の場合、労働者、あるいは、被保険者がその対象になります)

・仕事の現場が見られる。これには労働安全衛生環境も含まれます。事業所ムードも見られるということも入っています。

・特別検査の場合は事業主に心理的なプレッシャーを与えると言う意味もあるのかもしれません。

招聘検査・・・関係書類を持って所管に赴きます。

社会保険、雇用保険の定期調査はこれがほとんどです。

これは、書類検査なので、労働者のヒアリングや現物検査が出来ませんので、指摘も軽度で済む場合が多いので恐れることは一切ありません。

臨検する検査所管による分類では労働基準監督署検査、社会保険検査、雇用保険検査、労働保険料検査、助成金検査などがあります。

順に説明します。

①労働基準監督署検査

スタンスを分かりやすく言えば、

・労働者への安全配慮義務がなされているか

・加重労働になっていないか、また労働分（特に超過勤務時間分）の賃金は払っているかの２点です。

安全衛生の方は工場内のレイアウトも見られます。（立ち入り権があるので拒否できないとご理解ください）

・派生としては、３６協定や変形労働時間の協定の提出は出来ているなど基本的な届け出類がチェックされます。中小企業全体で見ると出せてない事業所の方が多いでしょう。（３６協定とは超過時間勤務・休日労働に対応すると言う労使の協定のこと）

３６協定は有効期限が一年しかないことを常に覚えておきましょう。

指摘されたらすぐに改善結果を出す。これに徹しましょう。

ここは法律で決まっていることなので交渉の余地はありません。

就業規則は最新法規に合っているかもチェックされます。

対応できているかを見分けるポイントは介護・育児休暇の反映などです。

就業規則未整備、あるいは、労働基準監督への未届けは実態としては良くあることで、法的に褒められることではないにしても必要以上に恐れることはありません。

・労働法令違反事項は是正勧告を切られます。

是正勧告書とは労働基準監督署から指摘を受け、ここを改善してくださいということを書かれる指示書です。

これには法的強制力があると言う説と無いという説がありますが、基本的に法律違反を指摘されるのですから法的強制力があると思って対応する方がベターです。

例えば、労働安全衛生部門で、労働者の身体に危険のあるやり方でやっていたら即刻直

さないといけません。是正勧告までいかない内容の指摘は指示書となります。

・労働者固有の権利の遡及は最大2年間

これは、知っておられる方は多いと思いますが、2年間です。

未払い残業代の遡及も同じです。

これが、莫大な金額になり、倒産した会社もあります。

しかし、ここは、交渉です。なぜなら、検査官も、人間だからです。

②社会保険検査

給与台帳で、保険料算定が正しくなされているか最初に見られます。

故意か過失かは別問題として、常に問題となっているのは

・通勤手当を代表とする手当が算定給与額に入っていない

・一時金・寸志などが保険料算定給与額に入っていない

などが指摘事項になります。

次に賃金台帳とタイムカードで法律で被保険者になるべき時間数働いている者が社会保険の被保険者になっているかを突き合わせしていきます。（被保険者の基準は後述します）

特にタイムカードがありながら、給料計算の労働時間は申告制をとっているような会社は要注意です。それが即ち、労働時間とはならないものの社内にいた時間としての目印にはなります。

タイムカードのない場合は検査官は、賃金台帳に書いてある就業時間数を見るしかありません。

・タイムカード時間数と賃金台帳時間数の開きがあまりに大きすぎる場合は、賃金の未払いの問題も出てきます。

その他に当初の雇用契約書、あるいは、雇用条件通知書を見られる場合がありますが、契約時間と全く違う労働実態の場合は最初から保険料逃れの意図があるのではないかと見られるケースもあります。

・最初から実質30時間超過のケースは、社会保険被保険者にするようにかなりきつめ

の指導を受けます。

時々、超過するケースは、改善の指導となります。

この場合は、労働時間を抑えるか、社会保険登録するかになります。

その他で、特別ケースでは

・本来、保険加入は無理なのに、社会保険適応を受けているケース

１日の労働時間、かつ、１週間の労働時間が正社員の４分の３以上で社会保険加入です
が、これの片方のみの定めを利用して社会保険に加入しているケースは本来、保険をか
けるのは不可です。

そんなことあるのかと思われるかもしれませんが、例えば教育産業などで、週２日来る
講師などは本来当てはまりませんが、個人収入が多くなる講師はどこかでこの制度を使
わせて貰った方が結果的に社会保険料が安く済む場合があるからです。

・労働していないのに社会保険適用受けているケース（親族労働者など）

これには、労働の実態を伴わせてくださいというアドバイスしかありません。

③雇用保険検査

実質労働時間と雇用保険被保険者の突き合わせは前記の社会保険検査と同じです。

最近多いのは離職事由の事業主ヒアリングです。（厳密に言うと検査でありません）

離職者は、辞めさせられたと思っているのに離職票が自己都合退職になっているケース
で、使用者、離職者の双方の言い分の聞くと言うことです。（双方を同時に呼ぶことも
あります）

自己都合退職の見極めのための証拠は離職者本人が書いた退職願いとされています。

最近では、ハローワークから検査と言うことで雇用保険料の徴収のことだと思っていた
ら過去受けていた助成金に不正がないかの検査だったということもあります。

助成金で特に不正が多いのは、研修系で不正内容も、実際にやっていないのに請求して
いたと言う不正内容としては分かりやすいものです。

これの多くはその時になって、実施するのがめんどうくさくなる、業務が忙しいので業
務優先となってしまっているというものですが、これは悪質と見られると、当初から計
画的な不正とみなされます。

最近では、申請書類で計画した、研修実行日に実際にやっているか覗きに来るというもので、これでセーフ・アウトは一目瞭然になります。

また受講該当者に臨検担当者が、「本当に受講したんですね」と怖い顔で尋ねられると、まずは表情が変わります。

そして、最も罪が重いのが労働実態のない労働者の計上、あるいは全くの架空名義での計上です。親族の場合は、その不正のラインは曖昧になるということはあります。

なぜ、これが厳しく見られるかと言うと、各種の保険、助成金の不正請求のベースになるからです。

④労働保険料検査

保険料の徴収官と言う人が来ます。

これは、対応を間違えると保険料率等に関わりますので将来にわたって大きな負担増になります。

・分社化を悪用しているケース

人件費を案分して、規模の小さな会社で保険料登録して、一方は外注費で落としているようなケースは臨検され実態を見られますと一発で作為が露見してしまいます。

・業種登録と労働実態との整合性

私の経験であったのは、登録業種の調査で、労災保険料比率に影響しました。

一般の加工業か金属の裁断が伴うような業種とでは天と地ほど保険料率が違います。

このようなケースでは舞い上がらずに冷静に対処しましょう。

通常、製造業は、様々な仕事を請けています。

そこで、対応策として、売り上げの構成比を算出して、この設備によって、この事業所は成り立っているのではないと証明して事なきを得ました。

売上構成比で、これを立証できなければ、利益貢献度比率でも良いと思います。

逆に言うと、危険性の伴う設備を回すだけでは利益の得られない時代になって来ているということです。このようなケースもライバル業者の申告、密告によって狙い撃ちされているケースが多いと思います。

第２部　リスク低減のための８戦略

⑤臨検検査の交渉のツボ

・だめなことはダメ

最も多い指摘は、雇用保険検査、社会保険の被保険者の適正化の検査です。

労働時間実態が完全に被保険者のラインを越えているケースで、これを交渉で粘って許される時代ではありませんし、保険をかけないで許して貰えるロジックはありません。

・遡及効は交渉できる場合が多い。

臨検検査の場合、動機が誰かからの訴えであるケースが多くその部分は厳しく見られますが、一般的な定期検査ではあまりうるさく言いません。

遡及についても同じです。

ただし、これは素直に従う事業主に対してであり、前述のように保険料を払わないで済まそうと粘る事業主には逆に厳しい態度を取られることがあります。

社会保険労務士として、最も困ることは、労務管理の姿勢として事業主を始めとする管理職が、ハードな超過勤務は良いことだと言う信念を変えない場合です。

日本人には労働は善という考えがあり、これが、早期退社を許さない社内ムードを呼びます。

しかし、健康な心身があってこそ、良き労働が出来ると言うのも真理です。

考えの改まらない事業所は指摘されても、いずれ以前の残業スタイルの姿勢に戻り、いずれ（過労死、過労自殺）悲惨な事故が起こり再検査でより厳しい罰を受けるでしょう。

現実問題として、そうならないと気付かない事業主は多くいます。

５．未払い残業代の請求問題

　未払い残業代の請求は、労働基準監督署の検査というよりは、退職した労働者からの内容証明郵便と言う形で来るのがほとんどです。

労働基準監督署経由の場合もありますが、多いのは直接弁護士から内容証明が来ると言うパターンです。

退職後というのが、ポイントであって、誰しも雇用中は権利主張を抑えます。

89

その分、退職してしまえば、言いたいことを言ってくるということに注意すべきで、人によっては残っている労働者のためにやっているんだというおまけがついて来ます。

ここで

・退職処理時にコミュニケーションをしっかりとっておくのは一種の予防策となります。

訴えにはほとんどのケースで退社時間の証拠がついてきます。

それは、タイムカード、会社の時計の写真などですが、本人のメモでも具体性がある場合は有効になります。

多くの事業主はこれで舞い上がってしまいます。

ここで事業主が主張すべきは、

・ノーワークの―ペイの原則で退社時間の証拠があったとしても働いていない時間は、超過勤務手当は払う必要がありません。

後者については実際に、会社のパソコンでゲームをして、無為に時間を費やしていたというケースがごく普通のこととしてあります。当然、反証側からも証拠が欲しいところではあります。弁護士経由の場合は時間コストを見ます。よって長期戦になるのを嫌います。

受け付けが労働基準監督署となった場合、両者の言い分を聞き、円満な解決が出来ない場合は、

・労働相談センターで仲裁機関にて調停を目的とした労働審判で3回を限度に労働審判を行う

・訴える金額が６０万以下の場合は１回で終わる少額訴訟に移行（家庭裁判所）

・複雑な案件は通常訴訟移行（地方裁判所）

という流れになります。

労働相談センターはあくまで仲裁が目的であることを覚えておくべきです。

事業主が会いたくないと思っていると同様のことを退職労働者も思っています。

そこで、

・訴訟にとことん付き合い、主張すべきは主張する。

・労働をさぼっていた時間を事業主側からも証明する。

ということがポイントです。

90

第2部　リスク低減のための8戦略

6．評価制度

　本章では労務管理のツールとして、評価方法と研修方法を解説しますが、ポイントは経営戦略と労務管理をいかに整合させるかと言うことです。
以下の説明をじっくり読めば経営戦略がブレイクダウンされていることが分かると思います。その経営戦略を決めるのは御社自身です。

(1)　モラールアップ策と目標のクロス
貴社ではどのように、単位別の目標を、策定しているでしょうか?
単位別とは、各支店・各個人です。
意外に多いのが、目標を割り振っていないというケースです。
次に多いのが
・算定のベースなく、適当に決めているというものです。
この2つのケースでは、マインドは盛り上がりませんし、指導する際にも、依るべき根拠となるものがありません。
では、モラール管理と結びつけて目標をブレイクダウンしていくにはどのようにしたら良いのでしょうか?
これが正解の全てということではありませんが、ひとつの手法を紹介します。
10,000の目標を割り振る場合の合理的な方法です。
例えば、分配する要素を
・基礎割り・人員能力割り　・既存先割り　・新規先割り
とします。算定の際のデータは
・人員能力割りは各人の人員数を入れますが、能力階層をポイント化して入れてするとなお合理的です。
・既存先割りではその会社の既存顧客数を比率にして単位別に配分
・新規先制では、その会社の担当エリアの世帯数調査を行い単位別に比率にして配分
というものです。
この3つのウェイトに基礎割りを加え決めます。

基礎割：人員割：既存先割り：新規先割り＝1：2：4：3

としますと、次のシミュレーション表となります。

要するに10，000個のリンゴをいかに色分けしていくかということです。

ここで、既存先ウェイト＜新規先ウェイトとしてはいけません。

新規先の裾野を広げるという意味合いから新規開拓にウエイトを置きがちですが、マーケティング理論の第一義は、既存先で、深耕を深めてフアンを増やしていくということです。実務上、未取引先からの算出は無理のある目標数値になりがちです。

このような決め方をすると、目標面接の際にも「君は（支店は）基礎ベースとして〇件、能力割として、一人〇件、既存先から〇件、新規先で〇件」というガイドラインとなる考え方を明示することができます。これこそが、目標管理です。

ケーススタデイの与件では

・10，000をある支店で担当者9人に割り振ろうとしています。

・ウエイトは基本割2．7：既存先割5：新規先割0．3：能力割2の重みつけをしております。

・政策的に2名調整しています。

・Bのデータの担当者ごとの既存取引軒数、Dの担当エリアの軒数、Fの能力指数を事前に入力しています。

・能力指数の数値は能力評価ポイントです。

	要素1 基本割り A	要素2 計乗客数 B	経常客数割り C＝Bの構成比 ×5000	要素3 エリア未取引 軒数　D	エリア未取引 軒数割りE＝Dの 構成比×20	要素4 能力指数 F	能力指数割り G＝Fの構成比 ×20	政策値 H	合計 H＝A＋B＋D ＋G＋H
安藤恵太	300	21	405	30	42	3	375		1,122
椎村孝司	300	30	579	20	28	1	125		1,032
西村卓也	300	14	270	40	56	1	125		751
小林信也	300	30	579	14	20	3	375		1,274
木村泰明	300	56	1,081	20	28	1	125	−1	1,533
松田純一	300	21	405	20	28	2	250	1	984
本田勝臣	300	41	792	40	56	1	125		1,273
小森賢治	300	32	618	12	17	3	375		1,310
吉崎公也	300	14	270	18	25	1	125		721
合計	2,700	259	5,000	214	300	16	2,000	0	10,000

目標への反映は

・既存先を担当として多く持っている

・担当エリアに未取引軒数を多く持っている

・能力が高い

ほど高い目標となります。

ここでは、１０，０００の目標配分を決めるのに１０，０００の配分シミュレーションを
しましたが、１１，０００の配分でシミュレーションしてから個人面談するというテク
ニックがあります。

個人面談では「泣きの場」になりやすく１，０００は政策調整で下げるために管理者側
が持っておくのです。

目標をブレイクダウンしていない、算定のベースなく適当に決めているケースが多い
と最初に述べましたが、中には、単一要素で割り振っている会社があったかもしれませ
ん。

その手法で配分すると、必ず、不満が膨らんでいきます。

「能力階層評価が高い」、「既存先を多く持っている」、「担当させられている地区の軒数
が多い」のどれをとってもひとつの要素の中には逆の要素が内在するからです。

・能力評価階層が高い→その評価された人が高齢化している

・既存先を多く持たされている→前担当者が取りつくしている

・担当させられている地区の軒数が多い→マンションで営業時間は不在率が高い

などです。今回紹介した手法は、要素をミックスして、単一要素のトレードオフを薄
くするという手法です。

(2)評価スキーム

まず、この制度設計スキームに入る前に、他の角度から話をします。

最近、オピニオンリーダーになりつつある神田昌典さんが、「数年後には会社がなくな
る」と言っています。

これは、コスト的に成り立たないと言う視点は、横において社員の活性化と言う面から
は、以前は、先輩からの指導の中に、成功体験を伝えていくと言う要素が常にあり、意
味があったが、昨今の経営環境の激変の時代では先輩がその使えるべき成功体験を持っ
ていないと言うことがあります。そこで、力のある人は社会起業家として会社を飛び出

してしまうということです。

私はこの論には半分賛成します。先輩に成功体験がないと言うのはそのまま賛同しますが、これから採用して行く若手は、仕事のやり方、進め方自体は全く知らず、やはり一から教えていかないと、まったく理解していないと思うからです。

その意味では、会社機能は残ると思っていますし、戦略と絡めて実戦誘導して行けば、若い人のパワーは、捨てたものではありません。

そのような考えで業務を推進して行く研修スキームも解説しています。

では、評価スキームの作り方です。

ケーススタデイでは、5本程度の評価にしています。

5本の経営戦略とういことについて説明します。

2×2＋1を想定しています。

ここでなぜ、掛け算なのかというと施策を1本打てば、その裏を抑えることが必要だからです。

代表的な組み合わせで言うならば

・契約高増強と回収率

・商品の打ち出しと顧客ＣＳ（満足度調査）などです。

これらはトレードオフ（相反）の関係にあります。

では、なぜ1を足すのかというとこれは企業のＣＲＳ（社会貢献活動）を想定しており、ＣＲＳ事業はトレードオフ関係になく、コストとリターンで言うと企業側にとっては、コストが出ていくだけのものなのです。具体的にはセキュリテイ対策やクレーム対策などです。

しかし、これに専任担当者をつけるくらいのことをやらないとダメな時代です。

コストが出ていくだけと言いましたが、しっかりやれば、信用と言う意味で間接的・長期的にはリターンとして戻ってきます。

この戦略を決める際にはどのようなことに注意したら良いのでしょうか？

以下の2点です。

②　存事業とシナジー効果があり、キャシュフローを稼ぐ施策であること

②全社一丸となって、力を集中できること

①は、ランニングすれば、始めからキャッシュフローで黒字が出る形を考えてください。

このような評価制度にすれば、会社がどの方向に進もうとしているのかが、社員全員が

理解できるすっきりした形になります。

５０も１００もある評価項目は社員は覚えられませんし、既存事業の業績評価は、日頃

の成績より社内一致の評価があり、社長がばっさりやってしまってもあまり揉めること

はありません。５０～１００もの評価項目を作っている会社は実際にあります。

次に、評価策定のスキーム作りです。

５つの項目を重視する順にウェイト付けしてください。

社長が得点を微調整する政策点欄を作っても結構です。

（これは、評価のロジックに反するようですが、どのような制度を作っても社長は自分

の評価を入れたいと思うものだからです）

１項目につき５段階くらいでマトリックスを作ってください。

一般職も管理職も項目は同じでその求めるレベルを評価マトリックスの内容で差をつ

けてください。

ここの評価をこのように改めたら、後の給与号俸への当てはめなどはテキスト通りでも

出来るでしょう。まず、評価スキームを作ります。

項目ナンバー	項目	評価法	ウエイト	
遂行目標1	主力製品A拡販	販売件数	20	トレードオフ関係
遂行目標2	CS（顧客満足度）向上	ユーザーへのアンケート調査	15	
遂行目標3	B製品での新規獲得軒数	新規獲得軒数	30	
遂行目標4	B製品での契約額回収度	回収率	20	
遂行目標5	コンプライアンス順守度合い	実務＋検査	15	
遂行目標6	社長の評価	－20～＋20		
		合計	100	

＊）B製品は新規顧客へ切り込むために開発した製品

次に、得点で刻んだ評価マトリックスを作ってください。

遂行目標1	主力製品A拡販	販売件数

点	0	2	4	6	8	10
	1件以下	2件以上	4件以上	8件以上	16件以上	20件以上

ウエイト20％なので、評点を2倍に

推進項目は同じでも、社内階級が高くなるほど、「チームでの業績」「指導技術」などマ

トリックスの達成内容を変化させてください。

評価マトリックスは数字で結果が出るのがベストですが推進項目によっては、計数でつかまえられないケースが出てきますので、以下のように工夫してください。

評価マトリックス　　コンプライアンス順守度合い

点	0		2		4		6		8		10
	出来ていない	劣る		やや劣る		普通		かなり出来ている		指導レベル	

ウエイト15%なので、つけた評点の1.5倍

最後に総合表に纏めて行きます。

Aさんの今期評価

項目ナンバー	項目	評価法	評点	ウエイト付け
遂行目標1	主力製品A拡販	販売件数	6	12
遂行目標2	CS（顧客満足度）向上	ユーザーへのアンケート調査	8	12
遂行目標3	B製品での新規獲得軒数	新規獲得軒数	4	12
遂行目標4	B製品での契約額回収度	回収率	10	20
遂行目標5	コンプライアンス順守度合い	実務＋検査	8	12
遂行目標6	社長の評価	－20～＋20		
		合計	36	68

これを給与評価・賞与評価に連動させていくのですが、評価した各従業員との面談は必ず、行ってください。　そこで、納得いくまで、

・今回評価

・次回評価の目標

を納得できるまで話し合って下さい。

7．研修制度

　次に研修制度ですが、前記の評価制度とリンクしています。会社を担っていく、若手をセレクトして事前にこの5つの項目の割り振ると想定してください。

新たな戦略であると仮定するならば会社の既存組織と齟齬は発生しないと思われます。

研修では5つのジャンルの推進をプロジェクト化して、推し進めていくことを目標とし

て、既存のベテラン社員はそれをサポートする側に回ります。

5つのうちCRS活動については、パートさんも対象に加えても良いでしょう。CRS活動などの分野、逆にユーザー視点を持っているパートさん（非正規社員）の方がよく見ているからです。

当社で業務リンク研修と名付けている方式を説明します。

(1)主旨と内容

当社がこの研修を行う場合、受講者が目標・アクションプラン・進捗状況・最終結果報告をするところは、代表者に立ち会っていただきます。

研修事例

研修の流れ			
AM	座学1〜4	・以下の4項目 1. 目標策定　2. アクションプラン作成 3. 進捗管理　4. 結果総括の仕方の 基本的知識、考え方の講義 （昼食　懇親会を兼ねる時も）	座学の参加は任意
PM	ワーク	・会社業務の中で任された事業に ついてのワーク ・フアシリーテータが内容微修正	
	ワーク発表	・意識付け、プレゼン能力育成の ため全員の前で発表 ・最後は拍手 ・受講生は受講態度も評価される （懇親会を実施する時も）	御社経営陣も参加

当社の行っている座学研修内容は

1回目

・目標設定の仕方→いかに具体的にするかを解説

2回目

・アクションプランの作り方→時期設定、アクション項目設定の仕方を解説

3回目

・進捗の測り方

・目標修正の仕方

・PDCAの回し方

4回目

・推進結果の測り方

・目標のバージョンアップの仕方

参加者の状況に合わせて、後半のワークで、いかに考えたらよいかを説明し、自分の仕事で策定して貰います。

実際に業務の中でいかにしていくかは会社の経営陣に入っていただき、ファシリテータの役を担っていきます。

これについては、御社内でも出来る一般的な内容です。要するに、ここまでの企業の何が強みであるかの戦略策定からスキーム作りの方が重要であり、難しいのです。

これが業務リンク研修部分の解説ですが、その他に

・コミュニケーションの取り方

・リーダーシップの取り方

・他者評価の仕方と良く出るデバイス

も加えて、教えます。

これは、

・将来会社を背負って欲しい若手なので早めに管理技術を伝える

という意味に加え、

・プロジェクトを担えば、これらの技術が既に必要となってくる

という意味合いがあり、この業務リンク研修の中で伝えた方が効果的なのです。

(2)他施策との連動

戦略は細部に宿ると言うことで、ここまでの流れを確定させたら社内行事も全てこれにリンクさせて行きます。

・若手の該当社員に朝礼で進捗を発表する

・進捗に置いて良いことがあったらA君がこんなに頑張っていますと社長の社内レターで全員に紹介する

加えて、必ずやって欲しいのは、最終の成果報告を忘年会など、全員が関係する行事の

中で行うことです。表彰状などの味付けがあっても良いと思います。

この場では、全社員の前で、褒める形で終わるために実質的な進捗確認はその前に終わっておく必要があります。

進んでいる会社ではこのような研修を体力測定等とリンクさせ実施しています。

終日研修の中に挟み込みます。研修中の居眠り防止のために、午後一番でも良いと思います。これの目的は「困難な物事をなすためには体力も鍛えておかねばならない」という発想です。

ここまで、読まれて、忘年会や体力測定まで持ち込むのはかわいそうと思われた方は逆**に若手従業員の気持ちが全く分かっていません。**

実際に、取り入れている会社ではこういうことを若手は嬉々としてやっていまし、体力測定があるならば準備もしてきます。

イベントの仕切り自体をこの若手メンバーにさせる時もあります。

逆に、年配の自慢話ばかり聞かされる飲み会の方が嫌なのです。

京都セラミック創始者、稲盛さんの言うごとく、飲むだけの忘年会は、もう要らない時代であると思います。

第8章　創業・ベンチャー論

　ここは、企業経営者の方も社内ベンチャーはいかにあるべきかと言う視点で読んでいただきたいところです。社内事業部ごとに採算を図っていくという稲盛氏のアメーバ組織の手法もそれぞれのセクションにベンチャー精神がないと単なる数字合わせに終わってしまいます。

1．創業の状況

　まず、創業・二次創業の状況をデータで大きく把握します。

経済センサス・事業所企業統計をもとにした開業数を示します。

①企業(個人企業＋会社企業)

年	調査間隔 (月数)	期首企業数	開業企業数	増加企業数	年平均 開業企業数	年平均 廃業企業数	開業率(%)	廃業率(%)
75〜78	37	4,682,092	681,775	355,485	277,332	162,040	5.9	3.5
78〜81	36.5	5,037,577	739,996	318,925	295,998	191,146	5.9	3.8
81〜86	60	5,356,502	1,039,351	72,096	230,967	216,548	4.3	4.0
86〜91	60	5,428,598	853,991	▲ 126,240	189,776	215,024	3.5	4.0
91〜96	63	5,302,358	967,779	▲ 147,968	143,375	171,559	2.7	3.2
96〜99	33	5,154,390	507,531	▲ 253,477	184,557	288,147	3.6	5.6
99〜01	27	4,900,913	638,289	▲ 160,984	283,684	334,755	5.8	6.8
01年時点 (1993年分類)		4,739,929						
01〜04	32	4,739,635	447,148	▲ 360,347	167,681	289,731	3.5	6.1
04〜06	28	4,379,288	518,671	▲ 138,962	222,288	273,282	5.1	6.2
06年時点 (2002年分類)		4,240,326						
09〜12	31	4,252,897	154,998	▲ 359,541	59,999	260,177	1.4	6.1
12〜14	29	3,891,356	436,037	▲ 43,122	180,429	236,671	4.6	6.1

（中小企業白書2016より）

創業件数は、2014年から2017年の直近期で43万件と、その前のタームの15万件よりは増加しました。その期がリーマンショックによる世界経済危機の間であり、全ての経済指標が大きく落ち込んだ時期であり、それ以前の水準には戻っていません。

懸念されるのは安倍政権に交代してから、ここ5年ほどで、労働市場が買い手市場から
売り手市場に変化していることで、若い世代がベンチャーと言うリスクをとる選択をし
なくなるのではないかということです。

そうなると、全体的な創業意欲の低下だけではなく、中小企業の後継者がいないことによ
る廃業件数の増加にもつながりかねません。

大企業と零細企業の二極化していくことが予想され、中小企業活動によるダイナミズム
が失われることが危惧されます。

創業支援施策の強化が望まれ、民間一体となって、実業をすることの楽しさを伝えるこ
とが必要な時代となっています。

表以外では2014年で企業倒産件数は、6年連続で前年を下回りましたが、業歴10年未
満で事業を断念せざるを得なくなるケースも見られ、企業平均寿命を押し下げています。
また、中小企業経営者の平均年齢が60歳を超えたと言うのもニュースとなりました。

2．創業に必要な能力

(1)必要な能力

創業補助金の採択先の多くが頓挫しています。これはある意味当然のことです。

創業補助金はその結果を速めている加速剤であるからです。

ビジネスは、支援策の柱である資金の調達よりも創業後にお客さんがつかめるかがポイ
ントになるからです。

では、創業の各段階で求められる能力とは何でしょう？

創業から事業化までを3時期に分割するとそれはプラン作成時→ランニング時→事業
拡大時になりますが、それぞれの時期の鍵となる能力はそれぞれ違います。

プラン作成時→独創性、実現性

ランニング時→基本的に人もの金を回す経営能力

これには孤独に耐える能力も含まれます。

事業拡大時→リーダーシップと予算管理能力になります。

リーダーシップは人を引っ張ってくるという以外に採用能力を含みます。

創業はしたけれどまったく働いてくれる人が取れないというのは、昨今では特別な事情ではありません。
この対策としては働きやすい職務内容を設計するということにもなります。
　また、事業が拡大していく過程で開始時にはかかっていなかった消費税がかかるようになります。これに対して、何も想定準備をしていないと事業の継続に大きな障害となります。

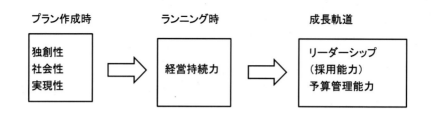

(2)プランに求められるもの
基本プランは創業志望者の中にあるはずですが、それが、新規性に寄っているか、採算性に寄っているかで、資金調達は補助金か、借入れかに分岐します。
新規性とは、マスコミでよく使われる新奇性と言い換えてもよく、地域独特の経営資源を絞り、マーケットを的を絞ることにより、面白さが出ると言うことです。
その際、社会性が含まれていることが必須となります。
採算性とはその言葉通りいかに儲かるかというビジネスプランです。
補助金を得んがために社会性に寄せるとうのは、ありがちなことですが、危険なことです。
社会性があるということは採算性と相反する場合があります。
その逆に本来、社会性重視のプランであるのに儲かるビジネスプランに寄せて借り入れるというのも危険で、財源不足で返済不能になるケースがあります。
補助金と借り入れ申請の両方が通ることを前提に調達計画を組むというのも危険であり、片方のみ通った場合、事業が立ち行かなくなるからです。

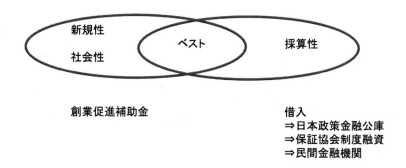

(3) 準備段階

準備はいかにしていったら良いかのでしょうか？

a) しっかりとした準備態勢を取る

b) 確実にアシストしてくれるアドバイザー探し

c) テーマの絞込み、ＳＴＯＲＹ性の創出をしてプランを纏める

ということが考えらます。

a)は、当然のことですが、頭の中でいかに細かく行動計画を作るかで差が付きます。

b)は特に法律面、届け出面でのアドバイスしてくれるところが良いでしょう。

税理士事務所なども優秀なところはあります。

最後にc)のプラン策定に置いては、自社の事業展開を他人に説明できるように纏める事が必要です。

思いを言葉にすることについて、苦手な方もおられますが、事業拡大する過程においても、他者へのプレゼンテーションは避けて通れません。

(4) 創業テーマの絞り込み方

経営資源とマーケットを下の図のように二重に絞り、そこで、方向性を出すことにより事業の可能性を高めると第一巻の「補助金・助成金獲得の新理論」で説明しました。昨

今では、どちらか一方では足りない状況です。
例えば、限定地域向けに食の総合サービスを行うとしたらマーケットのみの限定であり、ウイングが広すぎるのが理解できるでしょう。
飲食業で有機野菜を提供する店と言うのもマーケットが限定化されておらず広すぎます。

事業組み立ての考え方

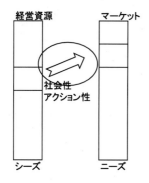

ここで、提供メニューを有機野菜、マーケットをエリア限定と限定化することにより社会性が出ます。エリア限定で出来るだけ多くの世帯に有機野菜の食品を提供しようと思えば、実現過程で宅配などの発想が出たりと、アクション性が生まれます。

3．資金調達手法

　創業については代表的な借入法である日本政策金融公庫の創業者融資と保証協会制度の制度融資を紹介します。

(1)融資制度
①日本政策金融公庫の創業者融資
・自己資金3分の1以上は必要

・担保・保証人は問わず

・その仕事6年経験が基準（ここで引っかかるケースが多い）

・日本政策金融公庫の通常はないので、返済の引き落とし口座をどこかの金融機関に設定する必要あり。

・面接あり

借りられる方は、次の1～2のすべての要件に該当する方

1．創業の要件

新たに事業を始める方、または事業開始後税務申告を2期超えていない方

2，雇用剔出、経済活性化、勤務経験または修得技能の要件

次の(1)～(5)のいずれかに該当する方

(1)雇用の創出を伴う事業を始める方

(2)技術やサービス等に工夫を加え、多様なニースに対応する事業を始める方

(3)現在お勤めの企業と同じ業種の専業を始める方て、次のいずれかに該当する方

(ア)現在の企業に継続して6年以上お勤めの方

(イ)現在の企業と同じ業種に通算して6年以上お勤めの方

(4)大学等で習得した技能と密接に関係した職種に継続して2年以上お勤めの方の方て、その職種と密接に関連した業種を始める方

(5)既に事業を始めている場合は、事業開始時に(1)～(4)のいずれかに該当した方

面接審査の対応は重要であり、ポイントとなりますので解説します。

・面接時の注意点

　日本政策金融公庫対応の面接対応法を説明しますが、これは、保証協会の制度融資用、民間金融機関用でも（そういう場があれば）同様です。

　①事業計画書をよく読んでおくこと

　特にコンサルタントに関与してもらっている時に、そのプランニング作成を任せっきりで内容を理解していないというケースが見られます。

②許認可関連をよく抑えておくこと。これは、金融の人は重視する

ここで、間違っていると回収自体が怪しくなるからです。

③付帯設備関連の細かい費用も抑えておくこと

金融機関の人は後で追い貸しというのを嫌がりますので、どの程度細かいことまでプランを煮詰めて抑えているかを確かめます。

④月々返済でどの程度になるか抑えておくこと

これもどれだけ返済の意識があるかを確かめられるという意味合いです。収支計画では月々の最終利益で払える形になっていないといけません。

⑤しゃべり過ぎないこと

話し過ぎは、逆に自信がないように映ります。問われたことに的確に答えます。

そして、自信を持って答えるようにアドバイスすべきです。

出来れば模擬面接練習もしましょう。

(2)保証協会制度の制度融資

①創業一般型

新たに事業開始・分社化しようとする方(事業開始・分社化後5年末満の方含む)

融資限度額　１，５００万

融資期間　運転資金　５年以内　設備資金　７年以内

原則として均等月賦返済　必要に応じて１年以内の据え置き期間

②創業支援型

融資限度額　１，０００万

融資期間　運転資金　５年以内　設備資金　７年以内

原則として均等月賦返済　必要に応じて１年以内の据え置き期間

新たに事業開始する方、事業転換・経営多角化する中小企業者・組合の方(事業開始・転換・経営多角化後5年末満の方含む)で、次のいずれかを満たす方

　１．行政指定セミナーを隋了した方

　２．商工会・商工会請所等の経営支援を完了した方

3．地方自治体指定インキュベート施設等に入居している方

　　4．事業資金について取扱金融椀関からの独白融資での借入が決竃している方

　　5．地方自治体との連携等のもとに当協会が取り組む伴走支援を受け、創業計画を策
　　　　定した方

注意事項は以下の通りです。

①創業一般型

・自己資金2分の1は必要（過去、6カ月にわたり通帳を見られ一番低い残高を取られ
ます）

・保証人は取らず（代わりに保証料が必要）

②創業支援型

・上記の2分の1自己資金は外れますが、行政指定のセミナーを受けるか、商工会議所
の指導を受けるかしなくてはならないので時間を取られます。

上記より、一般的に飲食・サービス関係は日本政策金融公庫に行き、製造が絡むじっく
り型は保証協会に行くのが妥当です。ただし、飲食などで、6年の経験年数が足りない
場合は不可になるケースがあります。

(3)創業促進補助金

創業促進補助金は平成27年本予算分より地域の発達のビジョンの計画書を出してい
る認定市町村において創業するものに限られることになりました。

定義は「地域の需要や雇用を支える事業や海外市場の獲得を念頭とした事業を、日本国
内において興すもの」です。

補助額　補助対象経費の3分の2以内　100万円以上〜200万円以内

申請ノウハウは第一巻の補助金・助成金獲得の新理論でポイントを説明しています。

4．ランニングのハードルとなるところの対応法

　一般的に創業者が詰まるところを対策ともに解説します。

(1)マーケテイング着想

創業者の作る創業補助金申請書を例にとると自分のアイデは纏められているものの

・マーケテイング（特に類似業種との競合状況調査）

・ビジネスにかかる法律事項の調査

がなされていないケースが良く見られます。

ここでは、その手法ではなく、そのようになる創業志望者の心理的背景を説明します。

・マーケテイング調査をすることにより、夢を壊されたくないと言う思い

・自分の当初のスケジュールを長引かせたくないという思い。

という複雑な心理があります。

しかし、最終目的がビジネスの成功であるならば、これは、本末転倒です。

当然、マーケテイング結果により、計画のマイナーチェンジも含めて検討すべきです。

(2)集客力着想

創業ランニング時に最もハードルになるのが集客です。

これには現在の支援制度に置いて錯覚しやすい環境があることにも起因します。

創業補助金においては、調達面での支援であって、補助金で広報費の支出など間接的には支援されますが、集客は基本的には独自で行わねばなりません。

創業スクールでのコンテスト入賞者なども同じ課題を抱えています。

創業スクールで作った仲間は基本的にはベンチャー側であって顧客側ではありません。

Ｂ２Ｃ発掘への発想の切り替えが必要です。

創業のスタートアップ時には、事業主として、集客活動に耐えられる精神のタフさが求められます。

具体的に言うと、飲食業やサービス業においては、来客の少ない日も発生します。

そこで、勘違いの行動は、技術系の店舗の場合、収入の補填、次のスタッフの発掘と理由つけして、事業主が営業時間中に専門学校に先生として教えに行ったりします。

こうなると店舗の継続は不可能となります。

最近、有効な経営資源として「集客資産」という言葉が使われ始めました。

それは単体のものではなく

・チラシ、DMなどの広報

・商品力・サービス力

・アフターフオロー力

等の一環です。

この一連のスキームに投資すると言う発想が必要です。

創業者が錯覚するパターンとして、事業主本人が走り回って宣伝、集客すると言う思想です。創業者のビジネス立ち上げ時の活動時間は最も貴重な経営資源であり、投資により時間を買うと言う発想の転換が必要となります。

ここを意識しないと事業の体をなすまでには至らずにトーンダウンしてしまいます。

集客資産については、次項の創業の現代事情の事例紹介の中での近年の潮流としても説明します。

(3)資金繰り着想

創業補助金の申請書に、資金の調達運用計画表と、売上利益計画表があります。

この内、資金の調達運用計画表に置いて多くの創業者が策定を誤ります。

それは、資金繰りを売上から持って来られると言う勘違いです。これは、何が言えるかというと財務三表の中で資金繰り表が体感できていないと言うことです。

スタートから圧倒的に売上の上がる形ならば理論的に可能ですが、

・通常売り上げはなだらかに上がる。

・開業の設備資金は初期に要る。

と考えると創業当時の自己資金との差額は資金ショートする懸念があります。

近年、金融機関もこのようなケースでの創業者融資には前向きなところもあり、事業プランと資金繰り表を作成したならばつなぎ融資をお願いすることも可能です。

(4)厳しい採用事情

近年の事情として、ここ数年間で、就職難から売り手市場に変化してきており、特に小規模事業者に置いては厳しい環境となってきています。

また、これは創業者も同じで、ビジネスが順調にランニングしても、採用がままならず事業拡大が出来ないと言うのが大きな問題点となっています。

採用に関しては、創業者もハローワークがメイン調達手段となりますが、労働基準法が関係してくるので最低限の学習が必要となります

ハローワークで届け出る事項に加え、事前に求人面接以降のことも決めておかなくてはなりません。

面接場所をどうするのか？これはお店などの場合はまだ出来ていない危険性があり、ホテルのラウンジや雰囲気の良い喫茶などを見つけておかなくてはなりません。

求人面接では事業主側から仕事の説明を先にするのがマナーです。

求職者への質問では、

・キャリアを中心に能力的なもの

・コミュニケーションがとれるかなど人間関係能力

を聞きます。

近年では、個人情報に留意して、家族のことなど、本人以外のことは聞かないように配慮すべきと言われています。

勘違いしやすいのは家族のこと、読んでいる新聞、尊敬する人などは聞かない方が良いとされています。

不採用にする場合、履歴書は返すなどの配慮が必要です。

転勤のありなしは後で良く揉めることですので事前に可能性を言っておくべきです。

a）ジョブカード知識

厚生労働省施策として

・離職者に対してハローワークで求職活動をする時点で、ジョブカードを持たせ進みたい職種での必要技術と知識を意識させる

・事業主側には、その業種での職業能力体系図を意識させ、ジョブカードによる技術習得と連携させる

という動きがあります。

これらを推進していくために、制度導入した事業所に助成金と言う形で奨励金を支給す

るという誘導の仕組みです。

この施策の背景として

・労働者個々に職業能力体系の中で技術を身につけさせる。

ということになりますが、これを進める背景として、ハローワークのキャリア部門のポリテクセンターなどで実施していたキャリア教育を民間に委託した方が実効的であり、失業率の低下にも寄与するという考えがあります。

これは厚生労働省施策として多少、労働者寄りのところもあり、事業主にとっては技術を身につけて退職される懸念もあり両刃の刃となります。

しかし、政府は労働者のキャリア形成の施策として強化の方向にあり、この仕組みが一般化すると対応できない事業所は求職の時点で見劣る事態も想定され研究すべき動きとして解説します。

誘導策の助成金名としては

・キャリアアップ助成金　人材育成コース

・人材開発支援助成金

などです。

技術を要する業種なる程効果的ですが、教育パッケージの策定が必要となります。

小規模事業所であっても「あそこに行けばしっかり教えてくれる」という労務管理の仕掛けを施さないと人材の取れない時代に既になってきているということです。

ジョブカードは、学科別になっていますが、職務開発内容は職業能力体系図に基づいて作られています。

キャリアコンサルタントが労働者のキャリア形成に対してアドバイスをする役割となります。

b）訓練カリキュラム

キャリアップ助成金の人材育成コースと言う技術の習得に関する教育訓練のスキームを紹介します。

・「いつ」「誰が」「どこで」「何を」「どのような順序で」訓練するかを検討し、1か月単位でどのように OJT と OFF-JT を実施するかを訓練実施計画予定表として整理しま

す。

各科目の実施は、まず指導者が「やって見せる」それから訓練生に「させてみて」「繰り返して」「習熟する」ようにします。

・「簡単なものから複雑なものへ」「基礎的なものから応用的なものへ」「頻度の高いものから頻度の低いものへ」と進むように設計します。

・OFF-JTによる専門的な知識の習得後にOJTを実施することで、訓練内容の理解が深まり、効果的な訓練となります。

キャリアアップ助成金では以下の研修費助成があります。

	一般・有期実習型 育児休業中訓練	中長期キャリア形成訓練
100時間未満	10万円	15万円
100時間以上 200時間未満	20万円	30万円
200時間以上	30万円	50万円

訓練期間中の人件費補助が受講者一人７６０円／１時間分助成されます。

５．創業の現代事情

　以下にネイルサロンの立ち上げを題材に、近年の創業事例として、特徴的な出来事を中心に説明します。

(1)変わりつつある設備購入の光景

ネイルサロンの業界では、設備業者はネット店舗型で直送と言う形ですのでその気になれば半日で全てを発注できます。

この方法の注意点として、補助金を合わせ申請する場合には相見積書→請求書→納品書→受領書等の一連の帳票を用意することが条件となっていて、そぐわない場合があります。(相見積もりの提出を言われると多少手間です)

（2）集客手段も変わりつつある

このようなサロン系の場合、集客の方法として、某企業グループのポータルサイトがあり消費者にも人気となっています。

客である女性はほとんどの人が携帯ツールで空き時間を調べ時間予約するのが一般的行動となってきています。

このパッケージサービスが

・予約時間管理システム

・駅前などに置かれるフリーペーパー（雑誌）での店紹介

・ＴＶでのＣＭ広報（イメージ広告）

を包含しています。

この管理料が雑誌での紹介が最低コマ数の場合で月１０万あたりとなります。

サロン業界などではこれに加盟していないと集客面で勝負にならないとも言われています。これは、近年、物販のポータルサイトが力を持っているのと同様にサービス業でも集客をポータルサイトに頼っている現実を示しています。

（3）第二の就職を集める採用事情

採用について専門学校に紹介を求める方が効果的なケースがあります。

そこで、ネイリストの場合、人生の始めから志向していたと言う人は皆無に近く、いったん就職してから方向転換をして、技術を身につけるために専門学校に通ったという人がほとんどです。

よって、ある程度の年齢となり、かつ、第２の職業選択となりますので労務管理上もそれなりの配慮が必要となります。

このように第二の就職を集めないと行けないのはこの業界だけの問題ではないと思います。

第9章　第二創業戦略

　本項は次章の再生支援論と重なります。それは、業績好調な事業所の場合は、いかようにもプランニング出来ますので問題にはならないということです。業績不芳の企業の場合、金融機関が債務者が変わるのでバトンタッチのタイミングで金融取引を今後どうするのかのチェックをかけるからです。

本書では、再生支援の方で旧事業と新事業にシナジー効果がない場合は、いったん旧事業を清算することも考えるべきとのスタンスを取っています。実務的には、その方がまだ、復活の可能性があるからです。

この章の内容は、事業継承とした方が用語としては馴染みますが、事業をやり直すと言う意味も込めて「第二創業」というタイトルを使います。

1．第二創業の現状

　第二創業とは前経営者から後継者が事業を引き継ぎ、自らのビジョンで事業をすることを示します。企業数の減少や、中小企業経営者の高齢化は我が国の人口構成という構造変化から見ると非常に重要です。

経営者高齢化のメリットの側面を見ると、事業主本人の生活の糧と生きがいになっているという側面もあります。また、年金支給年齢の引き上げに対してやる気さえあれば事業主は何歳になっても働けると言うことの安心にもつながっています。

ただし、この状態を放置すれば、やがては中小企業数の大きな減少につながり経済のダイナミズムが失われます。

我が国の経済が低迷すると将来ビジョンの見えにくさから、ますます、交代率は下がると思われ経済指標を維持することも事業継承支援策とともに大切なことです。

114

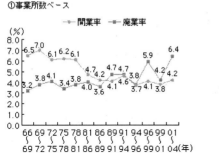 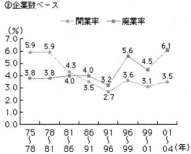

事業所数については支所（支店）や工場を含む。（総務省：事業所・企業統計調査より）

２．第二創業時のポイント

(1)継承の考え方

前経営者の事業が好調、言葉を変えるとキャッシュフローを生み出している場合には、いかようにもプランニングできるので問題とはならないでしょう。

国は支援策に置いて創業支援と同じく第二創業でも、旧業態から新事業展開へのモデル化を図りたいと言う意図があります。

この際に必要となるのは
・後継者の事業戦略のプランニング
・正しい事業承継知識と事業承継スケジュール

となりますが、経営のゴーイングコンサーンの観点から重要なのは前者であり、果たして後継者の考えている戦略で経営が成り立つかということです。

そこで重要となるのが前経営者の事業とのシナジー効果で、それがないならば、旧経営者が事業清算して、後継者が創業者として創業した方が、キャッシュフロー面からは楽に立ち上げることが出来ます。これは、次頁のような表で分析します。

	既存事業	新規事業
業種分類	専門料理店 産業分類中分類　762	教養・技能教授業 産業分類中分類　824
エリア	地域半径1kmが80%	地域1.5kmが75%
顧客層	地域の高齢者・女性 70%	地域の女性70%
ノウハウ	食材ノウハウ、メニュー 料理法、接客	接客、教育コンテンツ 教材作成ノウハウ
商品・サービス	おばんざい 定食、アルコール類	カリキュラム 教材ツール

大いにシナジー効果ありと見る

ここで、シナジー効果がないと分かっていながら事業継承すると言うことは、続いている事業体を破たんさせたくないと言う社会的責任からの事業継承となります。

しかし、そのような事情は、マーケットは考慮しません。

そのような思いだけで生き残れる経済状況でもなく冷静に考えるべき時代となっています。ただし、旧事業とのシナジー効果、すなわち旧事業の強みとなるべきコアな部分と言うのは事業の中にある者にとってはかえって見つけにくいものであり、第3者に診断して貰うと言うのは有効な手法です。

また、事業を継続して行くための資金の問題があります。

事業（決算状況）がうまく行っていない企業のバトンタッチ時の金融機関の与信判断は一般的にハードルが上がると言って良いでしょう。後継者は前経営者の作った借金まで、含めて、返して行かねばならないからです。

また、次の図の通り、経営者交代と債務の保証は一般的にずれると思った方が良いでしょう。後継者の経営手腕は未知数だからです。

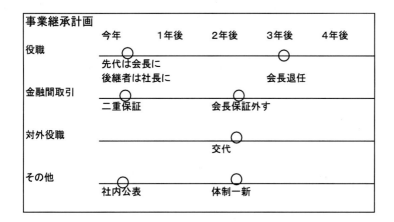

(2) 事業継承の進め方手続き論

これについて、細部は省略します。継承者にしっかりとした継承意識があるならば、手続詳細は、あまり重要ではないからです。

ポイントは

①計画を早めに作る。

②現経営者の個人・法人の資産棚卸し明細を早めに作る。

③金融機関の保証の名義変更は代表者交代とずれる事を覚悟する。

という至極当たり前の3点です。

それぞれ注意点を解説します。

①計画を早めに作る。

準備に数年かかることを理解すべきです。

②現経営者の個人・法人の資産棚卸し明細を早めに作る。

これは一項目目のスケジューリング化のベースとなります。

当然、事業継承時の税務も関連してきます。

ここで、税務系の事業継承講座で、言われる事で確実に誤っている事をひとつ説明します。

それは、自社株価の最も安い時に贈与すべきと言う事です。

では、いつが正解かと言うと、継承者が最もやる気を出している時です。

自社株価が安い時とは、事業がうまくいっていない時になります。事業好調時にこれをせず、あえて、下り坂の時に継承していくというのは経営戦略のオーソドックスな道に反している上に、継承者のマインドが落ちてしまうと言う懸念もあります。

(3)継承時の資金問題

前経営者の旧事業を清算しないで、後継者が自分のビジョンで新展開を図る場合、多くのケースで業態転換の途中で資金ショートします。

その要因を分解すると

A　旧事業が生み出すマイナスのキャッシュフロー

内訳 {
　B　旧事業を引きずることによる事業のマイナスのキャッシュフロー
　C　旧事業で背負った借入の返済分
}

D　新事業が生み出すキャッシュフロー

内訳 {
　E　新事業が生み出す営業キャッシュフロー
　F　新事業で借入した場合の返済分
}

の差し引きとなります。

E−Bの差し引きでCとFを償還していく形となります。（Bはマイナスを想定しています）

旧事業のキャッシュフローが順調な場合は、問題にならず、ここでは取り上げません。

Aはマイナス分を減らしていく速度、Dのプラス分を増やしていく速度が問題となりますが、多くの場合、希望的観測が入っており、結果、見積もった期間より、E−Bの黒字化への転換が長引きます。

第二創業促進補助金に置いても、補助金による旧債務の返済使途は認められていません。

　（最近では後継者のリスクに置いて旧事業の固定資産の除去する費用までは認められるようになりました）

ここは、事業継承中の資金ショートによる破たんを防ぐためにも冷静に事業体のキャッシュフロー正への転換の期間を分析して金融機関の支援を仰ぐべきです。

３．事業引継ぎ相談窓口

　後継者不在などで、事業の存続に悩みを抱える中小企業・小規模事業者の方の相談に対応するため、「産業活力の再生及び産業活動の革新に関する特別措置法（以下「産活法」という）」に基づく全国 47 都道府県の認定支援機関に「事業引継ぎ相談窓口」を設置され専門的なアドバイスを行っています。

　特に事業引継ぎ支援の需要が多い全国 7 箇所（北海道、宮城、東京、静岡、愛知、大阪、福岡）に「事業引継ぎ支援センター」が設置されました。

名称を事業継承としなかったのは、親族以外への経営交代も考えてのことであると思われます。この種の機関で、案件の処理が、思ったように進まない理由は、営業キャッシュフローが大きく赤字で、事業の継承以前に、経営の改善をしないとたたき台に乗らないと言うケースです。

このような企業の場合、顧客第一の経営の組み立てが出来ておらず、事業継承問題がこれに拍車をかけているという形になりがちです。

事業継承問題は消費者・ユーザーには関係のない問題であり、マーケットでの企業の本来の存在理由を思い出すべきです。

４．第二創業促進補助金

　支援策（補助金）の定義は既に事業を営んでいる中小企業者又は特定非営利活動法人において後継者が先代から事業を引き継いだ場合に業態転換や新事業・新分野に進出するものです。

新事業・新分野とは、これまで行ってきた事業とは異なる事業（『日本標準産業分類』の細分類による）を行うことです。

補助額　補助対象経費の 3 分の 2 以内　100 万円以上～200 万円以内

（第二創業において、既存事業を廃止する場合は、廃止費用として 800 万円）

補助対象経費は共通です。（１１）在庫処分費（自己所有物）（１２）修繕費（借用物）（１３）解体費及び処分費（自己所有物）（１４）原状回復費（借用物）が旧事業廃止費

用として認められるもので金融旧債務の返済に充てることは出来ません。

Ⅰ．人件費

（1）人件費

Ⅱ．事業費

（1）創業等に必要な官公庁への申請書類作成等に係る経費（2）店舗等借入費（3）設備費（4）原材料費（5）知的財産権等関連経費（6）謝金（7）旅費（8）マーケテイング調査費（自社で行うマーケテイング調査に係る費用）（9）広報費（自社で行う広報に係る費用）（10）外注費（11）在庫処分費（自己所有物）（12）修繕費（借用物）（13）解体費及び処分費（自己所有物）（14）原状回復費（借用物）

Ⅲ．委託費

（1）委託費

Ⅳ．その他

（1）その他費用

創業補助金の一般創業において途中取り下げが多く発生していると聞きます。（正確な取り下げ率は所管は発表していません）

第二創業に置いても同様の事情があります。

こちらの方は、業態転換時の資金ショートが主要因と思われます。

　（最近では、採択実績が全国で数件と言うのも後継者に要らぬプレッシャーをかけているのではないかと思います）

補助金定義にもあるように、継承者がこれまで行ってきた事業とは異なる事業への転換が必須の条件であり、その業態転換に予想以上の時間、すなわち資金が必要になると言うケースです。

第二創業補助金を受けながらも金融機関の支援も仰ぐと言う姿勢が必要と思われます。

第２部　リスク低減のための８戦略

第１０章　再生支援戦略

　再生支援戦略については、国のガイドラインと私論の２本建てで説明します。

国のガイドラインはいわば理想を追っている形で、実務上はうまくいかないケースの方が多くなります。うまく行っていない事業所に理想形を求めてもそれは無理があると言うものです。なぜ、このような矛盾のある施策となるかと言うと国の資金（税金）を使うからです。

しかも、国の資金を使うが故に、過剰支援禁止と言って水面下から扶助する程の支援をして貰える訳ではありません。この再生支援は事業継承時に合わせて、行う場合が多いのですが、実務上は、先代の事業を清算して、後継者は０から自分の力でスタートする方が、まだ、うまく行きます。事業を行うこと自体が難しい時代で子が親の借金も返しながら悪い流れになっている事業所を支えていかねばならないのですから常識で考えてもうまく行かないことは容易に分かります。

国が、そちらの手法の方を押せないのは、旧世代の債務部分はいずれ国の負債として乗ってくるからです。

よって、

再生支援戦略　－　国のガイドライン　－建前

再生支援戦略　－　私論　－　本音

と読み分けてください。

１．企業価値の毀損

　企業価値とは企業の資産－企業の負債で測られますがと、企業の資産には決算書数値以外の人材力、ブランド力等の知的資産も含めたものになります。

業績低迷時の企業与信で最も懸念されるのが、立て直しのプランニングをしている最中

121

にも企業価値が毀損して行くことです。

それは、プランニング中にも経営活動は前に進めねばなりませんので、その債務の償還が回ってくる、あるいは、債務が増加して行くということです。

これについては、いかにすれば良いと言う正解は今のところありません。

ポイントはキャッシュ生み出している事業への選択と集中にありますが、小規模事業者になるほど、事業の相関関係に注意しないと、客離れを起こしたり、ノンコア部分を外注に任せることにより、うまく事業が回らなくなるケースがあります。

清算でも再生でも法的処理に向かい、法的な決定を貰うことにより債務の弁済を止めることはできますが、企業価値の中には企業の信用も含まれているとするとその弁済ストップの宣言により企業価値が一気に落ちると言うことは理解できるでしょう。

２．企業再生の定義

　前述の信用枠の２つのプール論では、中小企業には前向き投資用、または不況時の緊急避難用に２つめのプールが支援策で用意してあると説明しました。

この再生支援時の増枠は、その２つのプールに加えての特別な信用枠となります。

金融機関が、そこに貸すにはよりハードルの高い条件が付されます。

まず、そのガイドラインを説明して、企業として、どのようにあらねばならないかを１０原則に纏めて解説しています。

全てもっともなことですが、このようなレベルの高い条件に合致する中小企業（事業主）なら、再生支援の対象先にはならないだろうと言うところがロジックの矛盾しているところです。

(1)企業再生のガイドライン

企業再生とは、前項の企業価値の毀損の逆の考えであり、市場で失われた企業価値を復活して行く過程と言っても良いでしょう。

・経常利益が赤字である場合は、再生計画成立後最初に到来する事業年度開始の日から<u>概ね３年以内を目処に黒字に転換</u>する内容とする。（企業の業種特性や固有の事情等に

第2部　リスク低減のための8戦略

応じた合理的な理由がある場合には、これを超える期間を要する計画を排除しない)

・再生計画成立後最初に到来する事業年度開始の日から概ね5年以内を目処に実質的な債務超過を解消する内容とする。（企業の業種特性や固有の事情等に応じた合理的な理由がある場合には、これを超える期間を要する計画を排除しない。）

・再生計画の終了年度（原則として実質的な債務超過を解消する年 度）における借り入れが、年間のキャッシュフローの概ね10倍以下となる内容となること。

これは、言葉が難しいので翻訳すると10年で既存借り入れを返せる計画ということです。これは一般企業でも困難が伴うことで、かなりの矛盾があります。

この内、最も重要なのは財務の改善の原資は事業利益しかないのですから、経常利益の概ね3年以内の黒字化です。

(2)企業再生の10原則

①経営者の強い再生の意志があること

経営者の再生への強い意志があることが重要であり、これがないと、企業存続は難しいでしょう。

再生を機に経営の革新、ビジョンの再構築を図ることが必要です。後述しますが、この事態を招いた責任者として何らかの経営責任をとる姿勢も必要です。

例えば、再生支援の時点で

・資産処分すれば、帳尻が合ったバランスで企業の幕引きができるケース

・M＆Aに出せば買い手がつく状況であるケース

この場合等は、なんとしても再生の道の方を行きたいという経営者の強い意志が不可欠です。

②3年以内にキャッシュフローを自力で黒字化すること

再生支援のガイドラインでは、「3年以内に経常キャッシュフローが黒字転換すること」とあります。

再生支援の3定義の中では一番重要です。

3年以内でキャッシュフロー黒字化するということを再生支援計画で調達され

る金融調達を除いて自力でそのビジョンを描くのです。

これが描けるかということは、その企業にコアコンピタンスがあるかどうかという定義とほぼ重なります。

この最初の3年間のビジョンが描けないと、再生資金がどれほど必要であるかの確定ができず、金融機関や、再生支援協議会は援助しにくいのです。

③企業価値がクリーンであること

再生支援の考え方のベースには、「地域経済」と「雇用」のセーフテイネットという要素があります。

我が社だけの営利、更に突っ込んで言うと、経営陣だけの営利追及だけの場合は再生支援する側の定義に当てはまりにくいのです。また、家業から公的な企業への脱皮も必要です。

地域経済の中で、クリーンな経営手法で、ビジネスパートナーと最終ユーザーに製品、サービスを提供するという経営スタンスが望まれます。

ここまで、読み進めて、逆にこれらが守られているなら再生支援を依頼する事態には至らないと思われる方もおられるでしょう。

しかし、中小企業には特殊な事情で再生支援が必要となるケースがあります。

大きくは以下の3つのケースです。

・金融調達計画が過去、無計画で借り入れ過大となっている場合

・経営計画がどんぶり勘定である場合（あるいは経営計画自体がない場合）

・本業以外での無計画な投資をして、それが財務のデフォルト部分になっている場合。

これらのケースに当てはまる場合はまず、過去の反省に立つことが必要ですし、金融機関も責任を感じる理由なので再生支援には前向きです。

④実行可能な、策提案を練ること

企業再生における経営改革ビジョンは、あまり常識的なものでいけませんが、自社の経営資源からかけ離れた改革策でもいけません。

実行可能なプランを描くことです。

企業破綻例の類型として、あまりに過激な改革の戦略を取りすぎて、企業が空中分解するケースがあります。

特に陥りやすいのが、下請けが苦しいので直ユーザーという思考です。

直ユーザーには下請け取引とはまったく違うノウハウ・資金繰り技術が必要です。

ノンコアな製造部分のアウトソーシングにしても同じことが言えます。アウトソーシングにはより高度な生産管理技術が必要です。

⑤事業リストラと同時に経営資源の選択と集中を行うこと

例えば、キャッシュフロー赤字の企業が、売り掛け先の不採算先をリストラクチャリングして、間接費を、それに伴って、低減させても、キャッシュフローは黒字化しません。そのリストラクチャリングの割合に伴ってキャッシュフローのマイナス額が低下するだけです。

この場合、そのリストラクチャリングする部門の売上げが返済原資になっている場合は特に要注意です。

それをクリアーして、再生援助が施される場合の考え方は2つあります。

・計画初期は赤字でも、いったん縮みこんで、そこから3年計画で黒字転換の計画を練ること。

・事業リストラクチャリングと同時に強みを発揮できる分野に経営資源の選択と集中を行うこと。

　この経営資源の選択と集中は前述の通り、経営の空中分解にいたらないよう注意することが大切です。

⑥過去の反省に立ち、何らかの形で経営責任を取ること

　経営者責任では、このような事態を招いた責任として

・経営者自らが辞任すること。

・役員報酬を一部カットすること。

となります。

経営者辞任は中小企業では困難な場合もあります。

その場合、再生支援計画は長期にわたりますので、後継者育成が同時に必要です。

役員報酬カットは再生支援が必要となったという事態を招いた経営者として当然の姿勢と思われます。

再生支援協議会の再生手法の段階として

・税制の恩典活用

・金融機関のリスケジュール

・金融機関の債権放棄

・再生支援融資などの更なる資金の注入

となり、段階が進むごとに、その経営責任は重くなります。

再生支援に対してどこか人ごとのような経営者では、再生支援計画認定の最終までいたらないでしょう。

⑦経営スタッフと従業員に強い再生への心構えがあること

ともすれば、企業が金融機関や再生支援協議会に再生支援計画の援助を願い出ると経営幹部や従業員は会社の将来に不安を抱きます。まず、現状に至った理由、今後のビジョンの情報開示が必要です。

その上で、従業員の士気を引き上げるのは企業経営者の手腕です。

特に従業員組合がある場合は、心を割った経営者と組合の話し合いが必要です。

安易な従業員の給与カットは士気の低下を招きほとんどのケースで企業再生にはつながりません。

⑧経営者の考えが健全であり、健康であること

経営が逼迫すると、経営者の家庭不和が起こったり、親族経営の場合は親族内で、経営のいいとこ取りの争いが起こって企業経営がうまくいかなくなるというのも良くあるケースです。

経営者が健康で考え方が健全でないと企業再生は成しえません。そのためには心を割って家族間、親族間で話し合いを尽くし、ベクトルを合わせることが必要です。

逆に言えば、低迷した企業が力を合わせ、低迷を脱した事例を幾度も見てきました。家族、親族は力を集結すると大きなパワーとなりえるのです。

⑨長期にわたり企業価値が認められる企業となること

再生支援計画は１０年あるいは、２０年の長期にわたります。

日本経済の将来も不透明であり、係数計画は正確には誰も判定しえないでしょう。

ここで第３者評価を仰ぐ場合、長期にわたり、企業価値が市場においてあるかどうかの判断となります。

そういった意味では、企業経営者が外部環境変化をいかにシビアに捉えているかがポイントとなります。

あるいは企業の外部環境変化の適応能力が重要となります。

大きくは少子化、人口減少という購買力低下や、顧客数が減少する厳しい時代の到来が予想されます。この点は大企業も同じです。

２次破綻が起こらないかという視点よりこの外部環境認識は厳しく審査されます。

⑩企業経営者があきらめないこと

再生への最後の命綱は経営者があきらめないことです。

極論を言えば、その法人で再生支援がうまくいかなかったとしても、その経営者があきらめなければ最後には、再生できます。

成功した経営者には過去大きな失敗をしてやり直したという人が意外と多いのです。

経営者があきらめた瞬間に企業再生への道は閉ざされます。

言葉を変えていうと、「早く楽になりたい」と経営者が一瞬でも感じたら、自分で幕を引く方向に向かいます。

あきらめない必死な経営者には手を貸すものが現れるものです。

３．私論—国の再生支援の限界

　うまく行っていない再生支援の状況をまとめます。

まず、再生支援協議会の窓口に来る経営者の多くがこの「再生支援」という言葉のニュアンスを取り間違っています。

「再生するように支援してくれる」というのが間違った捉え方で「自ら再生するのを支援する」というのが正解です。

そして、多くの経営者が肩を落として帰られます。

再生支援のガイドラインに以下の３要件があります。

・３年以内に経常収支黒字化

・５年以内に債務超過解消

・１０年以内に既存の根雪資金の借り入れ償還

というハードルの高い条件があります。

根雪資金とは、経営の安定のために入れた資金で、対抗する言葉は回転資金であり、運転資金として必要な額です。

この条件をクリアーしていないと、再生支援のたたき台に乗らないのです。

特に既存の借り入れの１０年での償還と言うのは一般的な企業でも無理があります。

次に、その条件に乗ったとしても現状の再生支援スキームでなぜうまくいっていないかを説明します。

この要因は３つで

(1)過剰支援禁止の規制の中での支援枠組み

(2)支援期間中の資金ショートに対応できない仕組み

(3)改善計画の戦略不在

です。

それぞれ解説します。

第2部　リスク低減のための8戦略

(1)過剰支援禁止の規制の中での支援枠組み

まず、過剰支援は禁止されていると言うことを理解してください。

債務超過状態であれば、その債務超過分を越して、支援はできないのです。

これは、水面下に沈んでいるならば、引き上げて貰えるのは海抜0mのところまでということです。

市場はもっと高みで競り合っています。

なぜ、このようなことが起こるかというと規制の中で、動いているからで、それ以上支援するのは不公平とされているのです。

これは、再生支援があくまで公的支援であるということを示しています。

この過剰支援禁止以外にも、規制のフレームワークの中で動くがゆえに、各銀行平等に、支援するという決め事もあります。

(2)再生支援期間中の資金ショートに対応できない仕組み

一定期間の支援計画が作られるとその間はニューマネーは投入して貰えず、返済の一方通行になるのが常です。

金融機関側の理論では、再生支援時の、リスケジュールで、運用できる資金があるはずだということですが、変化の激しい時代には、それに対応していくための投資が必要になることが往々にあります。

特に、サービス業に関する業種は、顧客に対して設備が旧く見られると、サービス力が劣っていると映ります。

出してくれ、いや、出せないで、全国的に揉めているところです。

旅館など二次被害といって、再生支援にかかっても結局破綻してしまうケースが多いのはこれに依ります。

(3)改善計画の戦略不在

コンサル不在の問題があります。

中心となって動くのは税理士なども会計系の先生が主となって動くのが一般的です。

129

再生支援計画の中の再生計画の中身はあたりさわりのないことが書かれているだけです。再生支援計画すらも事業主が作らずに、金融機関の担当者か税理士が作るのが一般的です。

当たり障りのない計画とは、言葉を変えると選択と集中がなされていないということです。

定められた規制の中での再生支援計画では、抜本的な対策を練ることは無理なのかもしれません。

４．規制の中での対応策

　この状況下で考えられる対応策は以下の３つで、これは実際に当社で成功事例があります。

(1)清算することを恐れない

(2)リスクをかけて、中金利ローンで調達してしまう

(3)金融庁外の省庁施策を使い、縦割り行政の隙をつく

というものです。

(2)では失敗事例もありますが、それは挑戦した結果の失敗であり、現在は会社名を変えて復活しています。

それぞれ解説します。

(1)清算することを恐れない

旧経営者が清算して後継者が新法人を設立する言うことで支援した例で見事復活した例はいくつもあります。

ここでのポイントは

・息子の方で新会社を建てて直ぐは借り入れできないと思うこと

・商売のやり方を変えないと計画倒産といわれ取引先にそっぽを向かれる危険性がある

ということです。

この手法のメリットは親から子への技の継承は妨げられないということです。

技とはまさにその家系の技術の血です。

(2)リスクをかけて、中金利ローンで調達してしまう

こんなことは、通常、コンサルタント言わないでしょう。

しかし、本当に抜本的に改善する見込みがあるならば長期で借りるというのはロジックが相反しています。

逆に言えば、このように勝負をかけるからこそ思い切った選択と集中の戦略が打てるというものです。

ここで、中金利というのは消費者金融などのことを言っているのではありません。

現在では、都銀の傍系会社などでミドルリスクでも対応できる法人ローン会社があります。

長期にしないで、思い切って中期にするということは戦略が外れれば破綻の危険性はありますがそれこそが選択と集中の戦略の神髄とも言えます。

また改善のビジョンがなく長期で借り増しするのは痛みを先延ばししているだけと見ることもできます。

(3)金融庁外の省庁施策を使い、縦割り行政の隙をつく

再生支援先ですという目印は決算書などには入りません。

そこで、直近の決算書さえ収益が成り立っていれば、ものづくり補助金でも採択可能です。

しかし、これは直近決算書が綺麗であればということが最低条件ですので、理解してください。

しかし、事業期間中の自己資金分含む設備先払い分のキャッシュが要ります。

この時こそ、その他省庁の採択通知を持って、金融機関にプッシュしてください。

そこで、渋ったら金融庁に駆け込んでください。

「他省庁で認められた事業を取引金融機関がやらせてくれない」と訴える形です。

これこそ、まさに縦割り行政の隙をつくやりかたです。

これを設備投資したいからと、最初から金融機関に行っても再生期間中はほぼ通りません。銀行は決めた再生支援計画に縛られているのです。

金融機関は金融庁管轄下と言うことで、金融庁に相談に行っても金融機関と円滑にやってくれと言う指導しかしてくれません。

貸す貸さないは、詰まるところ金融機関の決断であり、真直ぐに金融庁に相談に行っても民間の意思決定にまで立ち入れないからです。

第2部　リスク低減のための8戦略

第11章　海外戦略

　なぜ海外進出をいうことを考えないといけないのかいついて解説します。

　ここを理解しないとマインド面で決意が起きないからです。

1．海外戦略がリスク低減策となる理由

(1)需給ギャップ論

今の日本では売りたい人ばかりがいる状況で、財布の方は定額しか入っていません。

しかも、それは今後、細って行きます。

需給ギャップが出来て当然です。

観光についても同じです。

全国のどの観光地に行っても金を落として欲しいと同じようなことやっているのです。

これを合成の誤謬の現象と言います。

購買力の上がってきている国に売りに行くと言うことを考えるべき状況です。

(2)時代の巻き戻し論

国内では製品差別化しょうにもその隙間はなく、例え、埋もれているニーズを探り出したとしても、消費者の方に買う余力がありません。

それが、一時代遅れている製品でも発展途上国に持って行くと、時代のステージが合致する場合があり、憧れの製品の登場と言うことになります。

発展途上国では、カブのバイクでも憧れなのです。

(3)海外進出≠苦行論

ここで、まず、誤解のないように、仕事に楽しいもつらいもありません。

133

成功すれば楽しいし、失敗すればつらいと言うということになります。

マスコミは一般的には海外進出は苦行と言うイメージをつけたがります。

しかし、成功すれば事業者にとって楽しい事業でしょうし、海外で日々生活する部分も含めて新鮮であることは確かでしょう。

２．海外戦略策定のポイント

海外戦略については原稿枚数を考え方を中心に解説します。

海外進出においては間違えるパターンがほぼ決まっており、そこをクリアしないといけないと思うからです。

まず、なぜ海外なのかの動機部分です。

中小企業事業主は我が国の今後の人口減少についてもっと危機感を持つべきです。

これから2030年に向かって１年で地方の県ひとつ分の人口が減っていく勘定になります。

ここをやればできるの精神論で代替させるべきではありません。

またＢ２Ｂで対事業所サービスをしている企業についてもこの危機は同じです。

国内販売のおおもとは国民の財布なのです。

我が国の弱点は国民の財布が細ってきているのに物価が外国に対して高止まりしているということです。

これは経済成長時代に年功序列賃金で給料上げ過ぎたことにあります。

これに経済の実態が伴っていたら経済の円環はうまく回るのですが、

・国の財政の片側には莫大な国の借金が乗っている

・労働生産性は先進国の中では低い方である

ということで、実力以上に賃金上げすぎたということです。

これが国内市場が苦しくなる内部環境ならば、外部環境としては今後海外との垣根が低くなるに伴って物価の安い国からの物流が今以上に入ってきます。

特に年金生活者の財布が細っていくので海外からの輸入商品に頼らねばならな状況が出てきます。

第2部　リスク低減のための8戦略

これがインフレターゲットが達成しえず、デフレになってしまう理由です。

よってデフレは今の政府だけの責任ではありません。

では対海外においてどのようにしたらよいのでしょうか。

ここまでの説明でこういう疑問を感じられるかもしれません。

そんな原価高の商品サービスを海外に持って行って売れるのかという疑問です。

しかし、売れる大きな要素が2つあります。

・発展途上国においてニューリッチ層が勃興している。

・ジャパンブランド商品の品質への信頼

この2大要素をマーケテイングに生かすことが海外進出で外してはいけない点です。

(1)必要以上のリスクを感じてはいけない

まず、最初に引っ掛かるところを具体的に説明しますと、契約書です。

契約書はひな型があれば作れます。

問題は何かあった時の担保をどうするかということです。これは合理的解決方法があり
ません。

そこが、不安で商社に頼り利益の半分以上を持って行かれてしまうと言うのが一般的な
姿です。

しかし、最初から騙そうと思っている外国人はいません。ここで、国内取引の場合を考
えてみましょう。そこまでナーバスに考えるでしょうか?

これは、海外取引について日本人は事前知識が邪魔してリスクばかりを捉えてしまうと
言う悪弊です。肩に力が入り過ぎているともいえます。

貿易の場合はパイロット貿易として、量を少なくしてお試しをしてみればよいのです。

　(最近では中小企業自ら契約書を作ろうと言う動きは出てきています)

(2)現地へ行くこと

まずは対象国に一度は行くべきです。

何を当たり前のことをと思われるかもしれませんが行ったことのない国で物を販売し
たいというプランを持って来られる方が意外と多いのです。

135

まず対象国をリサーチして

・所得の階層

・現地の生活状況

を自分の目で見るべきです。

　海外でジャパンブランドの商品を売るならば、購入するのはまずもっとも進んだ進歩層になります。

それに伴ってがキャズム理論によってその下の方購入し始めます。キャズム理論とは境界の層が動くとそれにつれて、その下層が一気に動く現象です。

ここでその下の庶民層が給料で買えるかどうかについて真剣に考えすぎないことです。ここをデータで捉えすぎると一般市民の給料では買えないという結論になってしまいます。

思えば我が国でも一経済成長時代は給料に見合わない車や不動産を借金をして買っていました。それが、未来に期待がある発展途上国の魅力ということが言えます。

ここではジャパンブランド商品を海外で売るという視点で考え、製造の海外アウトソーシングについては論じません。

経済成長国に製造アウトソーシングするならば、いずれはその国の人件費も上がるという矛盾を孕んでいるからです。

現在、中国で製造をアウトソーシングした企業にまさに起こっている問題です。

ただしそれが100%いけないということではありません。

うまく海外をアウトソーシング先として活用して儲けている中小企業は実際にあります。これも盗まれない特殊な技術を握っている会社像に重なります。

(3)正確に時間を巻き戻すこと

東南アジアを中心とする新興国は、昔我が国が歩んできたステージを上がってきています。

そこで海外進出のメリットとして、我が国では商品ライフサイクルが終わり需要のない商品が海外で売れるということです。

日本ではすでにステージの終わっている車やバイクが海外で走っているのご覧になら

れたことはあると思います。

ここで問題は正確に時間を巻き戻すことが必要だということです。

日本企業が海外で売り出した電化製品は必要のない機能が付きすぎていてアジアマーケットでは嫌われました。

思えば昔の日本人もテレビが出始めた頃は画面が映るだけで満足だったのではないでしょうか?そのためにも前述した通り現地に行くことが必要です。

(4)資金還流は出来ないのが普通

海外進出される企業でよく関心のあるのは為替ですが、実際にランニングをし始めるとそれほど大きな問題ではないことがわかります。

例えば円安になりますと商品を持っていく場合は、原価安になりますが、現金の直接投資額は低くなります。

その他、現地での様々な取引発生すると自然に相殺がかかります。

次によく起こる間違いとして現地法人の利益を日本に還流できるのかという疑問があります。

この考えは基本的に間違っていて日本国内での企業間においても利益の付け替えは禁止されている事項です。

海外で得た利益は海外で再投資するという考えが正しい考えです。

資金をやり取りする場合は貸付金勘定を立てねばなりません。会計処理をした上での送金や現金持ち出しはそれぞれの国の持ち出し規制に依ります。

商品・原材料の輸送など国内法人とのやり取りでも仕切値を調整するということはできます。

ただし、ここで注意しないといけないのは日本と現地のそれぞれの税務署で、合理的な価格であるかどうかをチェックされるということです。

明らかに高すぎる価格、明らかに安すぎる価格という場合は、その利益を享受した国でみなし法人課税がかかります。これも世界共通の会計的な考えです。

(4)海進出の成功者のイメージは？

海外での成功者のイメージは一言で言うと職人というイメージです。

初めから成功という人は意外と少なく1回失敗してその部分を修正して2回目以降で成功という方がほとんどです。

国内で海外進出セミナーを受けている人はほとんど海外進出には、到りません。

そのようなセミナーではまず進出対象国のリスクから説明するからです。

逆に言えばセミナー受講者もそのようなことは分かっていて進出しない理由を探しに来ているというのが実態です。

また海外での成功者の多くはそのビジネス自体を楽しんでいます。

そのビジネスが苦行と思えば続くはずはありません。

自分のモチベーションを保って、まずはアクションというのが成功の秘訣です。

余談ですが最初の海外進出で失敗した人は進出失敗国の悪口ばかり言います。

そのような人たちの声が海外ビジネスの真の姿を歪めているというのが実態です。

海外進出を失敗した腹いせにその国の悪口を言うということだけは褒められたことではないと思います。

(5)労務管理は片腕になる現地人スタッフが必要

まず日本から大挙して駐在スタッフが行くと大変なコストになります。

これは外国人駐在者に対して現地人と同じくあるいはそれ以上に社会保険料、労働保険料などを取ろうとする動きがありこれは我が国も同じです。

現地のことは現地に聞けというのが鉄則で特に労務管理などはやはりその国の人柄を知っている人の知恵を借りないと進みません。

海外進出の一度目で失敗し2回目で成功したという企業は2回目以降、現地人に労務管理を任せたというのが多いパターンです。

次に資本解放の順序ですが通常発展途上国は製造業が最初で最後にサービス業が資本解放されるというのが順番です。

それは雇用される人の裾野人数と、経済効果を考えるからです。

ただしそのような法律に関係なく現地の人に経営して貰って実質的にサービス業を経

営しているサービス業の経営者はいます。

(6)支援策のポイントは模倣品対策

支援施策の活用法として海外ではジェトロが相談業務を担当しています。

多くある相談事項は

・進出予定先の情報収集

・海外での展示会出展

・契約書作成の法律知識

などですが、ジェトロ海外事務所では先に予約を入れておくことが必要です。

近年では海外の模倣品対策事業について補助金がつくようになりました。

以下参考にしてください。

①模倣品対策支援事業　２／３補助　補助上限　４００万

　　問合せ先　　（独）日本貿易振興機構、特許庁

②防衛型侵害対策支援事業　２／３補助　補助上限　５００万

　　問合せ先　　（独）日本貿易振興機構、特許庁

③冒認商標無効・取消係争支援事業　２／３補助　補助上限　５００万

　　問合せ先　　（独）日本貿易振興機構、特許庁

④海外知財訴訟費用保険補助　１／２　海外知財訴訟費用保険の掛け金の補助

　　問合せ先　日本商工会議所、特許庁

いずれも現在はパイロット事業ですがいずれ大きな流れになって来ることが予想されます。政府は日本の技術・ノウハウを世界に売り出したいと思っているのです。

海外進出についてはそのステップを解説するだけで１冊の本になります。興味のある方は拙著、「それでも、小売業は中国市場で稼ぎなさい」中継出版　Ｋｉｎｄｌｅ版をお読み下さい。

第12章　知財戦略

　なぜ、今、知財戦略が重要かということを纏めておきます。

これから、商品のハード部分とソフト部分ではソフト部分の充実の方が圧倒的に上位概念になってきます。

ハード部分では差別化が効きにくく、はっきり言ってどこで買っても同じものになります。まずは、何が当社の知的財産かを検討する過程に意味があります。

自社の知財を計る順序としては

・まずは、自社の商品・サービスのソフト部分の定義を明確化する

・その中で、どこに独自性があるかを明確化する

次に、これを明確化して行くのですが、

・何が、真に自社の独自性なのか

・自社の強みとしてますます磨きをかけていくというにはどうしたら良いか

ということを、リサーチする過程で、その独自性部分が、先に権利登録されている他社の権利を侵していないかを計る意味合いがあります。

1．知的財産権の種類

以下の通りの分類となります。

著作権　著作権　創作時から著者の死後５０年、著作権と著作者人格権がある。

　　　　著作隣接権　実演家の権利　実演家を保護、実演を行った日から５０年

産業財産権

　　　　特許権　発明を保護、出願から２０年

　　　　実用新案権　物品の形状などの考案を保護、出願から１０年

　　　　意匠権　物品のデザインを保護、登録から２０年

　　　　商標権　営業標識を保護、登録から１０年（更新可）

その他
　　不正競争防止法　商品など表示や営業秘密を保護

著作権は、創作がなされた時に発生し、登録は不要です。

産業財産権が、ビジネス上の保護すべき権利と考えて解説します。ブランドの無断使用などは、ブランド価値にタダ乗りして不正な利益を得ていると言うことで不正競争防止法で、訴えられる場合もあります。

産業財産権は従来から戦略として、登録するのが良いのか、登録しないで秘密にしておくのが良いのかとう視点がありますが、知らない間に他人、他社の権利を侵す危険性もあることを考えて、権利として押さえる方で解説します。

侵害を訴える機関としては特許庁と知財高裁がありますが、知財高裁は特許庁が下した判断に対する訴えの場合にしか活用できません。

２．各権利別注意点

(1)著作権

著作権については、盗作が常に問題となりますが、盗作が成立するのは

・依拠性（オリジナルを見て、真似した要素）

・類似性（オリジナルと似ている要素）

がポイントとなりますが、

個人的に楽しむ使用法の場合や著作物などで事例として引用した場合などは盗作に当たらないとされています。

また、登録前から使用している。あるいは、その名称が普通名称化している場合も使用しても侵害しないとされています。

(2)商標権

次に商標権では、

・商品・サービスの類似性

・商標の類似性

が問題となり、以下の図のようになります。

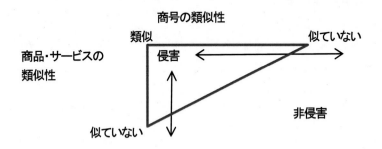

このように商標の類似性と商品の類似性から可否が判断されることになります。

ただし、商品ジャンルが違うから真似するというのは前述のブランドただ乗り論で不正競争防止法で訴えられる危険性があります。

(3)産業財産権

特許権は

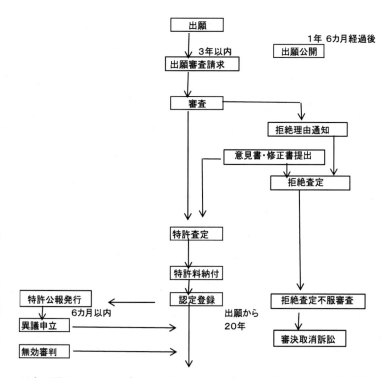

以上の通りのフローになり、1年6カ月で出願公開され、3年以内に審査請求しないと失効します。

出願公開される時点で真似られる危険性もありあえて、権利登録しないと言う戦略もあります。

特許の要素を請求項と言います。ⅠとⅡとⅢという要素を含んだ特許を取ってもⅠとⅡ、ⅠとⅡとⅣは権利侵害と言えません。このような隙間を検討する戦略も進んでいるのです。請求項の出し方は慎重に戦略を立てることが必要です。

また、事業として使用しない場合、先使用権がある場合も侵害に当たりません。

３．総括

・中小企業で考えるべきは全体戦略との整合性です。

特許だけが会社の中で浮いているようでは、ランニング段階でうまくいきません。

こういうケースも意外と多く、社長が、現状の経営の苦しさから生み出した案である場合が多いのです。

この整合性を測るには後述する知的資産経営報告書が最適です。

理想は技術が、会社の知的資産スキームの中の核になっている形です。

また、権利を法的に抑えるべきかどうかも、全体戦略の中で価値があるかという点で測れます。

・ブランド・希少性を上げることと権利登録を両輪で行うことが必要です。

ブランド・希少性を上げることと権利登録を両軸で行わないと片側だけが先行してしまうと意味がありません。

この現象は特に海外進出時に当てはまり、真似される危険性から権利登録だけが先行して、費用倒れになっているケースが散見されます。

・支援施策を研究すべきです。

中小企業にとって、この地財の権利を抑える場合の費用はばかになりません。

この知財関連の支援策について政府はようやく力を入れ始めました。

それは、この知的財産こそが我が国が国際舞台で勝負する武器だと気がついたからでしょう。いや、もうこれしかないのかもしれません。

以下、補助施策のタイトルだけを例示します。

詳しくは、補助金のロジック解説である第一巻の「補助金・助成金獲得の新理論」を参照してください。

また、近年、海外活動における模倣品対策も充実してきました。（これについては海外戦略の方で説明しました）

活用できる支援策としては

・知財ビジネス評価書作成事業

・ 中小ベンチャー企業・小規模企業の特許料の減免制度

減免制度は、一定の要件を満たす中小企業等を対象に、「審査請求料」、「特許料」及び「国際出願に係る手数料」等の料金が１／３に軽減に減免される制度です。

・中小ベンチャー企業・小規模企業　・市町村民税非課税者　・法人税非課税法人

・研究開発に力を入れている中小企業　など

があります。

第3部
中小企業活性化事例

第13章　中小企業事例

1．事例の見方

　掲載する事例は戦略の中で取り上げたキーワード6つを含んでいる事例です。そのキーワードは、**事業継承・ものづくり・海外展開・知的資産・革新的サービス・選択と集中・人材活性化・その他**です。

事例でこのキーワード別に注目して欲しいところとリンクして解説しますと

事業継承　③いけじゅうの事例では、自然な事業継承事例を、⑨有限会社　大建工業所では、後継者のために事業開発した戦略事例を取材しています。

ものづくり　今回事例は商業・サービス業中心ですが、⑦株式会社　ヨシダでは、取引先のためにものづくりをした事例を上げています。

海外展開　今回の事例では海外展開の事例は少ないのですが、⑧三佳屋　前山　博信氏の事例ではインバウンド観光のトレンドを活用した事例を紹介しています。

知的資産　⑧三佳屋　前山　博信氏では、事業を抑えた事例を、⑩株式会社　協明テクノシステムでは、コンサルテイングサービスとして顧客の知的資産経営のサポートを取り上げています。

革新的サービス　⑤ibuki　一柳　恵亮氏、⑧三佳屋　前山　博信氏の事例では消費者ニーズを捉えた先端事例を紹介しています。

選択と集中　①株式会社　ユーズテック、④株式会社　エールでは、まさに生き残りをかけての事業分野・商品選択した事例を紹介しています。

人材活性化　①株式会社　ユーズテック、②株式会社　丸嘉では、事業の展開に合わせていかに人材活性化策をしているか解説しています。

その他　ふとんの関口さんのみ、元気な高齢経営者ということでその他にしております。

経営者には実践感覚の中で戦略の具体的展開が掴めるようになっています。

どの事例にも事業所の思いと元気さが伝わってくるように構成しました。

しかしながら、成功事例というのはいつも後づけであり、これらの企業の事業主も実践中は、暗中模索の中、必死で奮戦した結果でありそのまま自社にあてはめればうまくいくというものでもないでしょう。

全て事業所は置かれている環境が違います。

ここで、最も感じて欲しかったのは市場で自社なりの価値を築いて生き残ろうという経営者の意思とその戦略であり、いかに従業員が活性化の方向にベクトルを合わせているかということです。

御社にもなすべき戦略があるはずです。企業数がイコール戦略数となります。

事例内の最後に活用した中小企業施策があります。

補助金・助成金の内容については第一巻の「補助金・助成金獲得の新理論」の方で詳細解説しています。

中小企業策は戦略的に活用しないと効果はありません。

戦略的に活用すると言うことは

・中小企業施策の研究

・戦略の構築

の両輪で進めて行きクロスするポイントの施策を活用すると言うことです。

大きく分類すれば

中小企業経営戦略のモデルとなるような試み→経済産業省

人材の有効活用、活性化を図る場合→厚生労働省

となります。

２．中小企業活性化１０事例

①株式会社　ユーズテック
　　〜人材活性化にかける！〜

　事業継承　ものづくり　海外展開　知的資産　革新的サービス　選択と集中
人材活性化　その他

株式会社　ユーズテック社は、平成３年に、大阪市で創業した。
コア技術はコンピューター画像処理技術を用いた様々な問題解決を請負いワンストッ
プでシステム開発することというものであった。
創業後順調だったのにいつのまにか、事業分野の広げ過ぎで資金が底をつき窮状に陥っ
た。その場は保証協会の特別枠を借りて対応したが、業務分野を調べると
①　広報・展示　博物館・科学館の展示コンテンツの制作・メンテナンス
②　医療分野での画像診断装置に伴うカスタマイズ情報システムの開発と運用
と部門がある中で、納品後後工程の多い、①行政受注の分野を捨て②医療画像処理に
絞った。調べると①行政受注は赤字だった。
医療画像の受注先の会社に日参し、自社技術のプレゼンを医療メーカーの営業マンへの
セミナー形式で行うとともに会社全体で医療業界の研究をした。
すると、業績は急回復し、東京、九州に支社設立した。
そして、コンペティターの大企業からも受注が入り始め、二次独占企業のような形と
なった。
そこで、社長はふと「こんな儲かり出しだのに、このままだと当社の未来はない！」と
気付く。それは、次を担う若手社員がいないことだった。
そこから、社員一人一人の雇用に費用をかけて、新卒を定期採用することとして４年連
続で計７名採用し徹底的に鍛えている。
重要プロジェクトを分解して、その若手社員に割り当て、研修、社長レター、表彰制度、
忘年会など全て、この若手育成に焦点を当てている。

ここで理解して欲しいのは、若手の気持ちである。この会社では忘年会も若手の成果発表の場であり、呑気に飲んでいる社員等一人もいない。宴会の仕切りも若手である。この事例に対して、忘年会の場にまで、仕事のことを持ち出されてかわいそうと思った方は、現在の若者心理が分かっていない。

その場では、若手は喜々として取り組んでいる。逆に何の意味のない飲み会に付き合わされる方が時間の無駄と感じるのである。また、最近の若者は、余暇に何をするということもなく、うまく乗せれば、24時間仕事の改善のことを考えてくれる。

このような体制にすると、その会社意図に合わない社員はリストラの必要なく、自ら退職して行く。当社はこの手法の効果に気づき幹部社員含む全社運にこの手法を当てはめていこうとしている。選択と集中とは何かに賭ける行為でもあり、そうした方が仕事は断然面白いし、やる気も出る。

そのリスクを下げるのが研究とプランニングである。

活用施策：経営革新法申請認定、大阪府ものづくり大賞

画像：右上　週1回クレドを全員で唱和
　　　右下　体力作りのイベントにも参加
　　　左：企業力を示すため毎年、国際医療画像総合展に出展

②株式会社　丸嘉

～労務管理の徹底から人気企業に！～

事業継承　ものづくり　海外展開　知的資産　革新的サービス　選択と集中　人材活性化　その他

株式会社　丸嘉

代表取締役の小畑社長

ムード満点のショールーム

株式会社　丸嘉は、2,000年に小畑隆正氏が先代の材木商を継いだ。個人創業は江戸の安政より歴史を持つ。

業種は材木商であったものを　継承後5年間で、ネット販売を主とした無垢フローリング販売に変えた。

ネット通販開始に当たっては複数のコンサルタントを分野分けして業務委託して競争心をうまく活用したと小畑氏は語っている。

この会社の強みとして、敷地が広がりがちなこの材木取り扱い業種にしては実にコンパクトな敷地で事業展開していることであり、コンパクトであるがゆえに、社員の接客サービス力が生きているのである。

現在は長年の夢であった京都市内中心部でのショールーム保有にも至っている。

小畑氏は、京都の町屋から仕入れた古木を販売する商売も開始した。

チェーン展開しているレストランなどのレイアウトのアクセントとして、古木の梁が通されているのを見られた方もあるだろうが、小畑氏が灯をつけたものである。

第3部　中小企業活性化事例

　画像　熱心に木材の良さを解説する小畑社長、学生や外国人が対象の時もある

このビジネスが出来るのも、既存事業の材木商のチャネルがあるからである。また、町屋の建て替えの際などに、この歴史のある梁を生かしてほしいという京都人の気持ちを理解しているからこそ、仕入れることができるのである。
総括すると古くからの材木卸のチャネルは生かしながら流通の最前線の仕組みを使っているという手法である。
また、小畑氏は労務管理、特に、女性活用のうまい方である。
航空会社のＣＡ風の制服を事業所所定のものとして、社員の呼称を「木のコンシェルジュ」と消費者に認知させ定着させた。
これで、社員のモラールが上がり、その結果として、ショールームに来る顧客の印象の向上につながった。
副次効果として、女性採用面で地域で一番人気の企業となった。小畑社長が重視しているのは、社員への権限移譲、社員が主役の場を作るなどである。
現在、小畑氏はいかに総合的に住宅のリノベーション企業としてのブランドを上げていくかに集中している。

活用施策：京都市オスカー賞、京都府知恵経営ビジネスプラン大賞

③いけじゅう
〜日々の努力と自然な事業継承〜

事業継承 ものづくり 海外展開 知的資産 革新的サービス 選択と集中
人材活性化 その他

洋食店「いけじゅう」は、京都府南丹市八木町の現在の場所に昭和１１年、池田勲氏の
父親が創業した店で、８０年近い歴史を歴史を持つ。（ＪＲ八木駅徒歩すぐ）
当時は仕出しもする和食が中心だった。
その後、店は店舗改装を重ね、洋食店に変更したのは、勲氏が東京へ料理の修行から帰っ
てからの昭和４０年頃で、当時、京都北部地域では洋食専門店は珍しく人気を博した。
味は一言でいうならば、懐かしい洋食の味であり、胃にもたれない上品なメニューであ
る。平成に入り、勲氏が過労で倒れたのを機会に食の健康をメニューにも取り入れてい
る。
サラリーマンの経験もある息子さんの、寛和氏が戻ってきたのが平成２１年であり、現
在は家族営業となっているが親子ともに食材・調理法の研究を欠かさず料理は緻密なロ
ジックに基づいて調理されている。
食材としては、生産者の顔の見える米、南丹市域の特産品である山の芋、ミブナ、しめ
じ、玉ねぎ、豚肉は、千葉県よりブランド豚肉を取り寄せた「さくらポーク」を使い
フアンを集めている。
最先端のネットツールにも意欲的に取り組み、ショップカード、ホームページ、ＦＡＣ
ＥＢＯＯＫ広告にも取り組んでおり、テレビでの取材も受けている。（広告には持続化
補助金を活用している）
立地する八木町は人口 7,500 人程度であり、顧客の７〜８割は八木町以外からの集客で
ある。本件は他事例と比べると派手さはないが、地方でしっかりとした経営をしている
という視点で掲載した。
総括として
・地方でも日々なすべきことを着実にこなしていくと顧客は付いてくる。

第3部　中小企業活性化事例

・飲食業で維持継続しようと思うと適正な店舗設備投資は必要である。
・事業継承の第一義は顧客第一志向であり、新族内継承の場合には親子で力を合わせて取り組む必要がある。向き合うべきは顧客であり、敵は同業他社である。（事業継承中の企業ではバトンタッチする合いでの顔色ばかりに意識を取られて顧客の方を向いていないことが多い）

活用施策：経営持続化補助金

上左　中庭が見えるムードのある店内
上右　2代目の池田勤氏と3代目の池田寛和氏
下　あえて店内の見えるところにあるワインセラー

155

④株式会社 エール
～崖っぷちが生んだ生き残り策～

事業継承　ものづくり　海外展開　知的資産　|革新的サービス|　|選択と集中|
人材活性化　その他

株式会社 エールは２００６年に真鍋聖司氏が、京都府乙訓郡大山崎町で、創業したファンシーグッズ・雑貨専門の卸売業である。従業員８人。
取引先はイオングループを始めとする全国大型スーパーである。
これらの商品群を多種取り扱っていたが、利益率が低下傾向にあり、２０１０年に自転車のサドルに被せる「チャリＣＡＰ」を開発し、販売を開始した。（下に当社商品の画像）

画像　当社の中心商品となったチャリ CAP

このようにデザイン性豊かな商品であり、価格的にも中価格路線を狙ったものである。製造は台湾の協力工場を使っており、デザインについては、消費者へのアンケート方式によりきめ細やかな対応をしている。（アンケートは消費者より当社へ直送方式を取っている）利益率は既存商材の２倍あり真鍋氏はこの商材を自社の主力良品と位置付けて、推進し、現在では月商１，０００万円を超えるヒット商品に育てている。

第3部　中小企業活性化事例

現在は、第二のヒット商品をつくるべく、小学生のランドセルカバー「らんらんCAP」を開発し、袋物メーカーへのイメージシフトを図っている。

画像　左　次にヒットを狙うらんらんCAP
　　　右　テレビ取材も多い真鍋社長

商品に使う人気キャラクターについてはしっかりと使用権の契約をしている。
既存商品の利益率と売上は、想定していた以上に落ち込み、見事に経営革新の絵にはまった形であるが、真鍋氏は現在、2つの課題を感じている。
・主力商品は確立したと言えども、業態としては依然卸売業であり、自主流通を持たねばイニシアテイブを取りにくい。
これには、アンテナショップをと考えているが投資リスクを伴う。
チャリCAPは自社サイトにて販売しているが、卸での売り上げ比べるとまだまだウエイトは低い。
・台湾で製造委託しているのは協力工場であり、更に原価を抑えるためには、現地工場を持つなど海外直接投資の必要があり、これも同様に投資リスクを伴う。
真鍋氏は中国にも仕入れ先を持つなど東南アジアに視野を広げている。
利益率低下の悩みは我が国の卸売業の全てが抱えている問題ではないだろうかと思う時、株式会社　エールの今後の成功は卸売業のビジネスモデル化になりえる事例である。

活用施策：経営革新法申請認定、経営持続化補助金

157

⑤ibuki 一柳 恵亮
～働き手の集まるリペア職人～

事業継承　ものづくり　海外展開　知的資産　|革新的サービス|　選択と集中
人材活性化　その他

一柳 恵亮氏は大阪府での家具補修の勤務の後、平成２６年に、ibukiの屋号にて京都府乙訓郡大山崎町で創業した。
主業務はソファの貼り直しで、修理と言わずリペアと称している。
サイトの開発に熱心で、現在は業者数が減っていることもあり、直ぐに検索上位に上がるようになった。
Ａ／Ｂテストも継続的に行い、どのような画面構成にしたらサイトを見て貰えるかを意識している。
また、このようなニーズは、一般ユーザーはどこに頼んで良いのか分からないという事情があり、ibukiのサイトは大きな効果を上げている。

一柳氏のサイト　ULR　https://www.ibukiryu.com/
　　（良き事例として是非、閲覧ください）

第3部　中小企業活性化事例

一見、ロートルな技術であるが、最新の流行とクロスするなどの手法で、見せれば逆に面白みを醸し出せると言う事例である。
また、技術という側面から中小企業施策（補助金など）に適用が可能である。
上記のサイト開発には持続化補助金を活用している。
作業内容が技術の要る職業であり、次の世代が募集で来てくれるかが心配なところであったが今期良く、採用活動を続ける中で、このような職人イメージの業種で働いてみたいという方（女性）も現れている。
消費者ニーズはＩＫＥＹＡに買い替えに行く人とリペアする人に2極化していく。
以下の画像のように一柳氏は様々なツールでbefore-afterを画像にして、美しく復活する家具の可能性を、物を大切にする人にうったえている。
帽子作りなども同じ技術シーズであり、地域住民のために教室展開なども展開したいという思いを持っている。

活用施策：経営持続化補助金

画像　見本帳、ホームページ等、様々なツールでアピール出来るソファのリペア事例（BEFORE−AFTER）

159

⑥ふとんの関口　関口二生

〜元気な高齢経営者〜

事業継承　ものづくり　海外展開　知的資産　革新的サービス　選択と集中
人材活性化　その他

関口二生氏は昭和48年6月に設立当時は円明寺マーケットの一角を借りふとんの関
口として開業した。昭和58年では最高の3500万円(年間)昭和61年に現在の円明
寺の団地内の住所に移り,その後、平成17年から婦人服も販売を始めた。
現在の売り上げが1,700万円(寝具含む)で婦人服ではイベント用が主で社交ダンス
衣装(ラテン、モダン用)など趣味の世界にも力を入れており、チェーン店や通販とは一
線を画する商品構成にしている。

新聞折り込みチラシでは、一見レトロなデザインで仕立てを中心に店に吸引している。
チラシででは1、仕立代半額セール2、体験コーナー(まくら作り、座布団作り)等をアピー
ルして地域商品券とも連動させて効果を上げている。
既存顧客の多くは店舗より半径 2,000m 以内で合ったが、新聞折り込みでは大山崎町、
島本町、長岡京市、向日市と伸ばしており、商圏を広げて特定顧客ニーズを吸収する戦
略に出ている。
寝具については、建物　(鉄筋建て、木造建て)そして立地性(山の近く平地)建物の作りに
よって、汗と、湿気のアドバイスをしている。
また、家族の方の体質、及び体型によって布団のサイズあるいはふとんの中身(綿わた、
羽毛、羊毛)そして、分量など、肌理こまかくお客様と相談し又、天日干し、仕立替えの
時期などいろいろと聞いており、地域の方々にふとんのコンサルタントのように思われ
ている。
最近は、大山崎町のふるさと納税の贈答品としての商品として全国発送に応じている。
関口氏は地域の商工会活動ではその経験より頼りにされる存在であり、そのフットワー
クは年齢を感じさせないものがある。

この事例を通して
・まず、地域での商業店舗は事業継承を云々言う前に、高齢者が生き生きと働く場である。（事業継承と言う形ばかりが優先している感がある）
地域商業として事業主高齢化のマイナス面ばかりに目を取られていはいけない。
・大手チェーン店・あるいは通販業者とは一線を画する手造りニーズは必ず残り手造り折り込みチラシは地域住民は必ず見ている。
しかし、特定ニーズに徹するために商圏は広めに考える必要がある。

活用施策：経営持続化補助金

画像　上は店舗内、中は商工会活動としてのショップカードでキャッチコピーが秀逸、写真下は、レトロなチラシの抜粋

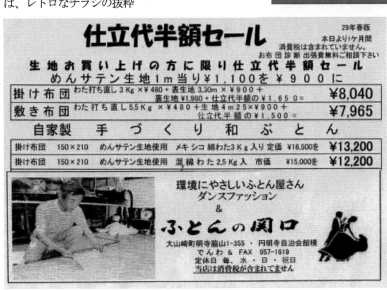

⑦株式会社 ヨシダ
〜全てが好循環を生むアイデア〜

事業継承　ものづくり　海外展開　知的資産　革新的サービス　選択と集中
人材活性化　その他

当社は大正8年創業の製茶プラント製造業であり、業態的には建設業と製造業の機能を併せ持つ。全国のお茶産地に自社製品納入実績を持ち、現代表の吉田芳隆氏は三代目である。

新型てん茶炉工事風景(鹿児島県)　　新型てん茶炉完成風景（国内最大型）

仕事のやりかたとして、地元宇治周辺の製茶プラント構築や製茶機械を製作・保守管理を受注しているが、業務の繁閑差のある建設業の業態から、より製茶機械部門の専門事業化発展を望んでいた。
吉田氏は製茶ラインの各機器に創意工夫を重ねていく中でも、茶生葉切断工程のより良い茶葉切断方法を模索し、全方向切断カッターを開発した。
その試作から販売までの計画を経営革新法で申請し、京都府の認定を受けた。
茶生葉カッターは当初てん茶（抹茶の原料）製造プラント用に開発され、後に揉み茶（煎茶の原料）製造プラントにも採用されるようになった。
特許も取得し、現在ヨシダのオリジナルカッターは数機種を開発、全国の荒茶製造に欠かせない機械装置と認められ、生茶葉のカッターメーカーとして新たな事業展開をする

ようになった。

生葉カッター販売促進のため毎年展示会に出展し、全国の茶生産家との交流はヨシダは単にカッターメーカーではなく、てん茶製造ラインの老舗であると認知され遠方からのてん茶プラント受注機会も増加している。

吉田社長は次に、てん茶製造現場のウィークポイントである荒茶袋詰め機の開発に取組み、ものづくり補助金を申請され見事採択を受けた。その頃てん茶製造プラントの要である乾燥炉についても新構想を温めており、その受注機会を得る事となった。補助金事業実施期間と重なってしまったため、残念ながら補助金事業を取下げをされている。

　この事例の秀逸なところは、既存事業と新事業が見事に相乗効果を生み出している所であり、茶産地に対してのミッションが感じられるところである。

茶産地で愛されるヨシダのオリジナルカッター設備

吉田社長はこの発展型として、全国のてん茶製造プラントにヨシダオリジナルの工夫を凝らした機器を提供していく構想と茶製造のIoT化を研究して、茶生産全体の発展に結び付けたいというものである。

活用施策：経営革新法申請認定、ものづくり補助金

⑧三佳屋　前山　博信
～時代を読む力～

事業継承　ものづくり　海外展開　知的資産　革新的サービス　選択と集中
人材活性化　その他

この事例は、小規模事業者であるからこその機動力を生かし、中小企業施策活用により、ブランドアップした先の事例である。
三佳屋は、１９８７年創業のうどん専門店であり、素材に徹底的にこだわったつるつるとしたコシのある手打ちうどんが好評を得ている。堺市で営業していたが、難波に平成２１年に店舗を移した。大阪難波のよしもとグランド花月そばで外国人観光客の多いところであったことがこのビジネスプランの気づきとなる。

何かあると思わせる三佳屋

日本の文化であるうどんつくり体験教室をしてみたらどうかと閃き、試行的に実施して好感触を得て、以降、継続実施し、徐々に口コミ・ＳＮＳ・各国のブログ等で人気が広がっていった。
当社の支援としては、現在、行っている外国人へのうどん作り教室をビジネス化してより発展を狙い本業とのシナジー効果を図るとういうことであった。
手段として、中小企業施策を徹底活用することにより、資金調達の補助とするとともに、広報効果を狙った。
まず、平成２５年、広報に結びつけるために、財団法

外国人に身振り手振りでうどんつくりを教える前山氏

人　大阪観光コンベンション協会の大阪へ行こう！大阪で遊ぼう！アイデアプラン支援事業（大阪市支援事業）にプランを持ち込み採択に至った。

次にものづくり補助金の申請を通して、うどん文化教室のシステム投資をまとめた。結果、平成25年の新ものづくり補助金に申請し第一次募集には落ちたが、第二次募集に再度、申請し採択を受けた。

投資内容的には、

・受付、教材等の外国語対応システム化投資

・知財戦略としてものまね防止のためのノウハウを文書化してまとめ、この文化事業限定の商標権（前山氏をキャラ化）を申請

であった。

ものづくり補助金採択後、経営革新法の申請を通して体験教室事業のビジネス化、文化体験事業の体系化、海外進出のステップを策定している。

このプランは後段で詳述するサービス業の革新サービスの類型化ではビジネス（プラン）自体を見せるところまで押し上げるということであり、外国人だからこそ気がつく我が国の食文化のコンテンツを売れることまで押し上げた結果である。

当然このビジネスのベースにあるのは、前山氏のこの仕事に対する情熱である。

また、採択にまでいたった背景には、海外へ目を向けたプランであったことも原因している。ものづくり補助金に申請する前に大阪市コンペにて事業可能性を探られたのも前山氏の慧眼であった。

前山氏は、大阪府河内長野市に季節料理　三佳屋をオープンした。

活用施策：ものづくり補助金、大阪観光コンベンション協会アイデアプラン支援事業

（大阪市支援事業）

⑨有限会社　大建工業所
〜次世代のための事業開発〜

|事業継承|　ものづくり　海外展開　知的資産　革新的サービス　選択と集中
|人材活性化|　その他

有限会社　大建工業所は官公需の清掃業務を主としていたが、受注が入札なので不安定なこと、官公需だけでは、従業員の勤務時間が不規則になることにより、若手のモラールを上げるために対民間サービスとして、ハウスクリーニング事業に取り組んだ。
業務はベッドマットレス・ソファー・エアコン等のクリーニングを主にしている。
業務開始当初は同業他社との相違性を高めるために出張専門のベッドマットレスクリーニングとなる。
更に顧客からの幅広い需要に応えるために、ソファ・カーペット・チャイルドシート・エアコン・ワックス掛け・壁やガラス等徐々にスキルアップを経て様々な技術を習得し現在に至る。

代表取締役　堀まゆみ氏

若手スタッフクリーニング作業風景

現在の新事業の主な顧客は個人宅となっている。
最近では目に見えないハウスダストからの細菌や潜伏菌を気にする方が多く、病気などに弱い小さな子供のいる家庭からの依頼が多い。
きめ細かいサービス確立のためにクリーニングの各種の研修に参加している。
ベッド、カーペットのクリーニングは工数のかかる肉体作業が発生するのでハウスク

リーニング事業者は避けたい仕事である。ただし、潜在需要は大きなものがあり、目を付けた事業者が業務としてこの分野に乗り出そうと言う気配もある。
また、近年、マスコミでクリーニングの知識を学ぼうと言う機運もある。
現時点では当社以外にこのジャンルで経営革新を認定取得した事業所はない。
現サービス内容を徹底的にビジュアル化することに拘った。（クリーニングのビフォア、アフター画像など）
また、スタッフがネットで検索をすることにより、自社・他社のサービス内容を数量化して分析する手法を取り自社の市場でのポジションを明確にした。

経営革新法に認定されることにより若手スタッフの士気は大いに上がった。
また、地域では行政指定の清掃業者というイメージであったものが民間のクリーニングサービスもしているとの広報効果があった。
ターゲットとしている介護施設・民泊施設を調べて改めて市場の大きさを認識した。

活用施策　経営革新法申請認定

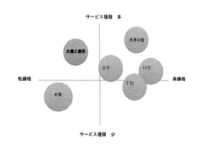

徹底したサービス比較分析表　　　業界ポジショニング分析

⑩株式会社　協明テクノシステム
～自由な発想で取り組むリサーチ会社～

事業継承　ものづくり　海外展開　|知的資産|　|革新的サービス|　選択と集中
人材活性化　その他

代表の中井宏行氏(弁理士)

神戸三宮に居を構える株式会社　協明テクノシステムは、平成4年に、代表者の弁理士、中井宏行氏が特許周辺の調査会社として起こした会社である。(資本金　1,000万円)
同代表は協明国際特許事務所を昭和59年に設立していたが、ともすれば、このような関連会社は本体の業務委託料収入に依存してしまい、受け身になりがちである。
当社は、そのイメージに捉われることなく自由な発想で事業展開している。
・ものづくり補助金、創業補助金、サポイン補助金など経済産業省施策の紹介による顧客の深耕
・顧客のビジネススキームの開発
などであり、動画など最新ツールの活用にも熱心である。顧客ニーズにに様々な方法で答えている。
当社は、厚生労働省施策の取り入れにも熱心で
・人材開発支援助成金
・業務改善助成金
を導入し、キャリア開発と生産性向上を図っている。

なお、中井代表は弁理士会の知財経済センターの知的資産活用事業本部のトップであり、２０１６年に一般社団法人　新技術連携支援機構を立ち上げた。

・知財経営

・ビジネスモデル開発

・企業マッチング

などを目指し一般会員を募っている。

金融機関に対しても融資に際して知的資産を活用した知財評価も行っている。

中井氏は、淡路島出身の第一号の弁理士であり、地域創生にも貢献している。

（過去、当社との共催で南あわじ市で、ものづくり補助金セミナー・創業補助金セミナーを、ボランテイア開催した）

活用施策：経営持続化補助金、職場定着助成金、キャリア形成助成金、業務改善助成金

３．総括

　総括として纏めると、１０事例では、中小企業施策を有効に活用されています。

これは、当社の関与先なので、有効なポイントで中小企業施策をアドバイスしていると言う事情はあります。しかし、その前提となる戦略があったと言うのも事実です。

第一巻の「補助金・助成金獲得の新理論」で示したように、補助金・助成金効果は

・採択や認定を公表されることによる事業所の知名度アップ

・従業員のモラールアップ

・これを機会にマーケテイング・人材活用を試行する

というのが３大効果であり、これを意識せずに資金を貰っただけでは意義はあまりありません。実務をしていて、補助金・助成金が欲しいが先に立ち過ぎてこれらの観点が全く抜けているケースが多いことに驚かされます。

第4部
戦略策定編

第14章　経営戦略策定の考え方

1．積み上げ方式か？戦略ダウンか？

　これは、ボトムアップか？トップダウンか？という対比用語の方が分かりやすいのかもしれません。

特にどちらという定めはありませんが、現在の主流は戦略ダウンで何年後かのビジョンを先に作り、そうなるためにはどうしたらいいのかと落としてく形です。

積み上げ方式の場合は、成し遂げていく項目を積み上げていくのですが、それだと戦術レベルになってしまいダイナミックな展開ができません。

再生支援の世界も通常コストカットの「積み下げ」の方法になります。

想像してみてください日々の経営活動の中で、様々なコストカット目標を気に掛けながらやっていって企業が立ち直るものでしょうか？

中小企業庁作成の経営革新法リーフレットに、戦略ダウンの手法が書いてあります。

これも数年後のビジョンを先に作り逆算して、では今から何をしていったら良いかと考える発想法です。

戦略策定というのは、基本的に戦略が先で数字などは後で決める方が馴染みます。

2．売上計画の作り方

　係数計画が、この箇所での説明であるということに疑問を持たれる方もおられるかもしれません。戦略ビジョンを作ってからではないのかというように思われるかもしれません。それは、その通りで戦略をざっくりと決めてから売上計画の策定になるのですが、それ以降の実際の作業の流れで言うと、それは、卵が先か鶏が先かに近い流れとなります。

いずれ戦略と数字の整合性を交互に見ながら策定していく形になると思います。

しかし、先に拡大方針か、現状維持で粗利アップかという2つの路線の決定はした方が良いでしょう。

もうひとつ、厳しい業界では売り上げ減で粗利アップという線もあるかもしれません。

企業規模別に考えてみます。

小規模事業者は売り上げ現状維持、粗利アップを狙うケースが多いと思います。

中堅規模以上の中小企業は、また、今後、消費税アップや、原材料コスト、人件費コストの上昇が予想されますので、売り上げ拡大を目指すべきです。

それにより、地域でなくてはならない企業になるでしょうし、スケールが大きくなるがゆえに有形無形のメリットが出てくると思われます。

多くの中小企業と小規模企業は売上現状維持で粗利アップという戦略になってくると思われます。

それは、なぜでしょうか？

商品形態が高付加価値化していくという流れが起こります。

ハードよりソフト部分に重心が移っていくということです。

このソフト中心型の製品・商品は大量に生産は出来ません。

そうなると、販売件数を上げにくくなるのが一般的です。

また生産年齢人口減という需要面での厳しい環境がありますので高付加価値化せざるをえないという事情もあります。

ですから、売上平行線の計画は何もおかしくないということです。

次に、売上目標のブレイクダウンする方法について説明します。

既存事業と新事業に分けて捉えると考えてください。

これは、補助金事後業に採択されたら全体の中で補助金事業の数字を掴んでいくということにもつながります。

売上→原価→販売管理費と、進むにつれて、計画策定も実施後の計数内訳把握も難しくなります。

数字を捉えるための会計システム開発の必要性も出てくるかもしれません。

次に戦略のランニング時点で良く起こる問題の説明です。

・新事業が実ってきて売上が上がり始める

・既存事業は明らかに将来性の無い市場である

とすると、事業主は「選択と集中」の論理に基づいて既存事業を整理したくなります。

これは、マニュアル本の世界では正解かもしれません。いや、再生支援のテキストにさえ似たようなことが書かれています。

しかしちょっと待ってください。

中小企業の業務というのは商品構成・サービスが意外に絡み合っているのです。

まず、顧客に不利感を与えないかということを考えねばなりません。

極論するとその既存サービスがあるからこそ新サービスを購入してくれたのかもしれません。

事業単位での採算性というは計数計画を厳密に算出して、確かにその部門は赤字だと判断してからでないと撤退してはいけません。

また、その部門撤退したからと言って、その部分の販売管理費はすぐには減らないこともあります。

既存事業のキャッシュフロー計算をしてみて、少なからずプラスになっている場合はそれが債務の返済に回っていることもあります。

既存事業は外注してしまおうと言うのも良くある流れで、アウトソーシング先が事業をこなしていくノウハウがなかった場合、信用を失うこともあります。

私は、これで過去痛い経験をしており、慌てて動くなかれと心よりアドバイスしておきます。

中小企業の事業の空中分解というのは意外とこういうところから起こります。

第4部　戦略策定編

3．不足資源を洗い出す

　不足資源とは設備・人材・ノウハウ等になると思います。

その他では創業者、小規模事業者の方は良いものをつくっているのに知名度が足りないと思われている場合もあるでしょう。

商業の場合は店舗物件が欲しいというケースもあるでしょう。

ここで、足りないものがあまりなかったという方は戦略の方の発想がまだ足りていない危険性があります。

不足資源を抽出したら全てを資金換算する必要があります。

なぜ資金化するかというと、中小企支援策に結び付けるためです。

それが収益性の確かに見込めるプランに練り上げられるなら、自己資金で投資しても構いません。

よくある相談事例が「補助金は欲しいけど投資するものが明確に決まっていない」というケースです。

なぜ、そうなるのかというと、こうしたいという戦略というビジョンがないからです。

運転資金積み増しとしてお金をくれるという補助金はありません。

先の理想的過ぎる絵を描いて、足りないもの（設備など）を確定していけば良いのです。

4．運転資金と設備資金

　ここで、運転資金について少し説明します。

運転資金には前向きなものと後ろ向きなものがあります。

前向きな運転資金とは、主に増加運転資金と言われるものですが、売り上げが増加しているのですから、通常は、借入れという行為は起こりません。

後ろ向きの運転資金とは、ほとんどの場合で、旧債務返済資金で以前に借りた借入の返済が苦しいので、また借りるという形です。

これは、金融機関側から見ると基本的には避けたいものです。

そこで、旧債務返済資金と見られないためにあれこれと手を尽くすのですが、いくらつ

175

じつま合わせしても、債務が減っていない限り本来は旧債務返済資金です。

こうなっていくと企業はなかなか浮上できません。

そうならないため、借入枠を２つのプールに見立てて説明しています。（第４章３４Ｐ）

話は、前向きな運転資金の話に戻ります。

先程、通常は売上増加の中では借入ニーズは発生しないということを説明しました。

ここで、もう一歩突っ込んで借入れニーズが発生する程に、戦略的に運転資金を出していく戦略があります。

例えば、広報費をかけて、一気に市場を独占してしまう戦略などです。

かつて私は金融機関におりましたが、経営者と言うのは不思議なもので、設備や不動産など形に残るものには投資して、借入れしますが、このように例えば広報費に投資して勝負するという発想にはいたらないようです。

ということは差別的な優位性を発揮しやすい手法だということです。

次に、金融機関借り入れは運転資金５年、設備資金８年と、設備資金の方が少し返済年限が長いことを覚えてください。

それだけ、設備資金の方が効果が出るのに時間がかかると見ているということです。

ここで、運転資金算出の方法を記しておきますが、理解できなくても結構です。（経営革新法申請では将来、運転資金で借入したいときは予め計算して計画書に入れて置く形になっています）

運転資金算出方法

Ａ．在高方式による運転資金所要額の計算

運転資金所要額＝売上債権＋棚卸資産－買入債務

Ｂ．回転期間方式

正常運転資金所要額＝平均月商×（売上債権回転期間＋棚卸資産回転期間－買入債務回転期間）

ということですが、どの公式を使いなさいという定めはありません。

これが通常の商品代金の増加運転資金で、これ以外で戦略的に特別な資金をかける場合は、加算されると言うことです。

これに、加えて設備導入による資金手当ては考えておかねばなりません。

5．コア部分を生かす

　２０年以上程前には「異分野進出」という言葉がもてはやされました。
既存事業とは違う分野へ行って、複数事業持つという方法です。
しかし、これは、ほとんどがとん挫して間違った考えだということが分かりました。
当時は異分野進出という補助金・助成金がありましたので、政府・行政も含めて勘違い
していたということになります。
なぜ、そのやり方がとん挫したかというと、既存事業とのシナジー効果が出ないからで
す。その道には、必死で鎬ぎ合っている既存業者がいます。
現在はこの異分野進出のプランで補助金を申請しても通りません。
既存事業と関係ない事業ということはゼロからの立ち上げになりますので、同じならば、
創業者の方を支援しようというのが国の支援スタンスです。
では、ポイントとなるコアな部分を生かし、付加価値を上げるということはどういうこ
とでしょうか？まず、コアな部分はソフト部分でありハード部分では無いということを
理解してください。
まず、この伸ばすべきノウハウと技術力の部分が自社のことであるが故にどこの部分が
ノウハウなのか、技術力なのかが分かりにくいケースもあると思います。
そこで知的資産経営報告書のところでその策定のステップを解説しています。ここでは
考え方を示します。
このノウハウと技術力の部分は人のソフトパワーの部分です。
そこをより充実させてより利益の取れる商品構成にシフトしていこうという考えです。
商業・サービス業で言うとこだわりの商品化していくという言葉が分かりやすいかもし
れません。
この考えだと、人件費が上昇することにならないか？と思われる方がいるかもしれませ
ん。その通りです。それで合っているのです。
これは、国の推奨している生産性向上の動きとも繋がります。
バランス良く人件費にも投資して、高付加価値商品を作り続けていく道しか我が国には
残されていないのです。

177

第15章　経営戦略の申請制度

　ここでは、戦略を練っていく際のメソッドを説明しますが、いずれも、国の推奨するもので、最近では、補助金申請の際の加点対象となるもののあります。支援策や公表されるお墨付き効果もあり、戦略を作るならばこれら制度に沿った方がベターです。

1．経営革新法申請

(1)制度主旨

〇経営革新法とは

・複数年度の戦略を策定して、それに国（地方自治体に移譲）が認定を与える制度です。

・その後の補助金申請時の戦略ベースとなるというメリットがあります。

経営革新法の縦軸の課題は

・経常利益

・付加価値額（営業利益＋減価償却費＋人件費）

の二本建てになるということを覚えてください。

〇次に示す4つの「新たな取組（事業活動）」によって、経営の相当程度以上の向上を図るものであることが必要です。

① 新商品の開発又は生産

① 新役務の開発又は提供

③ 商品の新たな生産又は販売方式の導入

④ 役務の新たな提供方式の導入その他の新たな事業活動

新たな取組とは、個々の中小企業者、グループにとって「新たなもの」であれば、既に他社において採用されている技術・方式を活用する場合についても原則として対象となります。但し、同業他社、同一地域内において既に相当程度普及している技術・方式等

178

第4部　戦略策定編

の導入については承認の対象外とします。

〇経営革新計画の計画期間

承認の対象となる「経営革新計画」の計画期間は、3年間から5年間です。

〇経営革新計画の計画目標

・付加価値額の向上

「付加価値額」、または「一人当たりの付加価値額」のいずれかについて、5年間計画の場合、5年後の目標伸び率が15％以上のものである必要がある。（計画期間が3年間の場合は9％以上、4年間の場合は12％以上であること）

付加価値額（営業利益＋人件費＋減価償却費）

一人当たりの付加価値額（付加価値額÷従業員数）

・経常利益の向上

「経常利益」について、5年間の計画の場合、計画期間である5年後までの目標伸び率が5％以上のものである必要がある。（計画期間が3年間の場合は3％以上、4年間の場合は4％以上であること）

〇提出先　地方自治体（行政の外郭団体の場合もあります）

これが、認定されると

・県の各機関に計画書が送付されます。

・通常、新聞発表がなされます。（公表、非公表項目は選べます。）

ということで、その企業が3〜5年の間にどのような計画を持っているかがオフイシアルになるわけです。

(2)取得効果

〈融資〉中小企業成長促進融資（各地方自治体の制度融資）

　　　　政府系金融機関による低利融資制度

〈信用保証〉中小企業信用保険法の特例

〈税制〉設備投資減税

　　　　留保金課税の停止措置

〈投資〉中小企業投資育成株式会社法の特例

179

ベンチャーファンドからの投資

〈その他〉特許関係料金減免制度などです。

融資制度を活用しようとする時点で大きく当初の計画と実績が乖離していた場合、変更届が必要となる場合があります。

確かなプランとして各地方自治体に登録され、広報され認知されるのが大きなメリットです。

そして、何より良いことはこれを策定し出すことにより戦略発想に頭が回転し始めるということです。

第4部　戦略策定編

2．知的資産経営報告書

　まず、この知的資産経営報告書が今後重要になる背景を説明します。

金融機関で、これを担保に融資という流れが強くなってきます。

昔は「技術担保」と言いましたが、今はもっと広く深い概念で「知的資産担保」と言います。国もこれを推しており、作成後、経済産業局に連絡すれば、各局のサイトよりリンクを貼ってくれます。

技術担保の頃は金融機関が、宣伝材料として使っていた感があり、広まりませんでした。

広まらなかったのには理由があります。

金融機関の融資は稟議システムがあり、稟議は、多段階の管理職を通ります。この稟議システムは言葉を換えると伝言ゲームです。

流れていく過程で疑問が生まれても、金融機関人は管理畑で育ってきた人ばかりで技術の評価というのは出来ないのです。話し合うベースの知識がないのです。評価が出来ない以前に理解すら出来ていないのかもしれません。

しかし、状況は微妙に変わってきています。

金融機関にとっての王道は、不動産担保融資です。その不動産担保融資が揺らぎつつあります。

地価の変動で決して安定したものではないことが分かってきました。

また、不動産担保の査定が付きまといます。現在、金融機関では審査より、そのような仕事のウェイトが高いのです。

現実的には金融機関が自ら審査して、自らのリスクで行うプロパーの融資というのはウェイトを減らしていて、信用保証協会に保証を振ると言う方が多くなっています。

これは、一見リスクが低減されて良いようなものの、長い目で見ると審査能力を落としているということになります。

そこで、今回説明するツールとしての「知的資産経営報告書」は、技術の価値を計るものですので不動産担保の価値変動の欠陥を解消するものなのです。

それは、知的資産を定義して、数値化して報告するという要素が入っているからです。

このような背景があり最近は県の支援機関と金融機関が提携してこれを推し進めてい

181

こうと言う動きがあります。一気には進まなくても、前進していくことは確実です。
基本的に書式の定めはありません。作り方のポイントは章を変えて説明します。

３．新連携申請

　新連携は中小企業新事業活動促進法の中のひとつの柱です。
次項の特定ものづくり研究開発認定制度が製造業の連携用に作られたものであるなら
ば、この新連携は多少流通業寄りに制定されたものであると言えます。<u>１年以内に売り
上げが発生するかが焦点となる</u>と言われ開発が伴う製造業では、無理があるからです。

新連携の要綱は
・中小企業で２社以上の連携（その他に大企業、ＮＰＯなどが入っても良い。）
・新規性の定義は経営革新法と同じであるがそのハードルは高い。
・連携に関係する全ての企業の決算書資料が必要となる。
認定後の支援措置は以下の通りです。
・高度化融資
・信用保証の優遇措置
・補助金（事業化・市場化支援）３，０００万円まで、３分の２以下の補助
・中小企業投資育成株式会社の特例
受付は各地方の中小企業基盤整備機構です。

企業連携でその経営革新法のフオーマットと基本的には同じです。
企業合同でそれをうめていくということになります。
ここで、ひとつ面白い戦略は中小企業２社以外の連携で大企業を巻き込むという手法で
す。
これは新連携ならではの戦略です。
既存事業が伸び悩んでいる大企業は有望な新分野進出において進出はしたいが、直間部
門を持ちたくないのです。実は、常に機動力・品質力のある中小企業を探しています。

182

ここに置いて、中小企業側に求められるのは、会社規模より「独自性」と「情報力」です。

中小企業は実質的には大企業と提携した方が、「回収が楽」「大企業ブランドで営業してくれる」「対顧客には大企業が当たってくれる」と有利なことが多いのです。

中小企業連携のデメリットとして、

・ 宣伝力に限界がある。

・ 直ユーザー販売への転換はクレーム処理、輸送技術には意外にノウハウが要る。

ということで、中小企業のみでは、新聞には何誌も載ったけれど一向に売上げが増えなかったというのはよくあるケースで、広報力は大企業の方に一日の長があります。

連携を組む場合は単なる下請けでなく大企業の仕事の一環となるような有機的な組み方とすると効果が倍増します。

この手法で成功している新連携体は実際にありますし、経済産業省（地域の産業局）も前向きに相談に乗ってくれます。

４．特定ものづくり研究開発認定

この研究開発認定制度は他の申請制度とは少々意味合いが違います。

それは１〜３までが、戦略を練って行くのが中心であるのに対して、そもそも研究開発ネタがあるかに加え、それが国の特定ものづくり高度化指針と合っているかということが必要条件になるからです。そこをクリアーすれば、書式としては開発計画を書式に従ってあてはめて行くだけのことです。

換言するならば、高度化指針に合っているならば、様々な支援策につながるこの制度に乗らないともったいないということです。

まずは、それぞれの技術分野の「特定ものづくり高度化指針」を調べてみることから始まります。

特定研究開発とは、その研究開発行為について、国が審査の上、お墨付きを与えようというものです。

受付けは、各地方の経済産業局です。

この制度には一部、国が研究を委託するという考えが入っています。

認定企業は、ものづくり補助金審査でも有利になります。

特定ものづくり技術には、以下の通り１２の技術が定義されています。

01 デザイン開発に係る技術　　02 情報処理に係る技術

03 精密加工に係る技術　　　　04 製造環境に係る技術

05 接合・実装に係る技術　　　06 立体造形に係る技術

07 表面処理に係る技術　　　　08 機械制御に係る技術

09 複合・新機能材料に係る技術　10 材料製造プロセスに係る技術

11 バイオに係る技術　　　　　12 測定計測に係る技術

それぞれの技術につき、技術課題と川下産業におけるニーズが纏められており、その課題を解決する研究開発であることを申請書であることを立証する必要があります。申請においては３年の計画を作成する必要がありますが、資金調達面では サポイン補助金とリンクしています。サポイン補助金申請の解説は第一巻の「補助金・助成金獲得の新理論」で詳細解説しています。

第４部　戦略策定編

第１６章　経営戦略策定ツールの使い方

　ここでは、プラニンニングの仕方を３類型で説明します。

・簡易事業計画書

・経営革新法フオーマット

・知的資産経営報告書

の３種類でそれぞれ策定目的が微妙に違います。

・簡易事業計画書

これは金融機関への借入れの主意書を想定しています。

これの作り方を知らないと事業資金のショート時を乗り越えられません。

お金を借りるということを主目的としたのが簡易事業報告書です。

このツールの策定のポイントをひとことで言うと「過去の反省と今後の行動計画の一致」です。

この言葉がの意味が分からない人はなかなか借入をさせて貰えません。

・経営革新法フオーマット

・知的資産経営報告書

この２つは、過去の歩みの中で培ってきたコア技術を今後の展開に生かし活路を求めていくというものです。作成目的は戦略策定で、申請すれば、その支援策にも繋がります。

そのプロセスの中で

・経営革新法の方は多少未来寄り

・知的資産経営報告書の方は過去の歩みから知的資産を洗い出すという意味で多少、過去の経緯寄り

ということが言えます。

時代の変化が大きくなるほど経営革新法の方が重要度が上がってくるということが以

185

上の説明から理解できるでしょうか?

なお、ツールのうち経営革新法申請については経営者学習シリーズの「補助金・助成金獲得の新理論」で先に取り上げましたので、今回は　前巻とは違う視点で取り上げています。

実際の経営策定ツールを記入例とアドバイス付きで例示しました。

それでも進まない場合は、第4章の冒頭の考え方のポイントから再度、読み直してください。

現在、試行的に取り組んでいることから発想を広げていくのも一つの方法です。

1．簡易事業計画書

　これは、シンプルに対金融機関向け資料です。

過去の経緯、窮状の分析、今後の戦略、必要資金額などを書きますが、借入ニーズのない時にも応用可能で、決算後の事業報告としても使えます。よって、過去の経緯と書いたところは、前回報告時からの動きでかまいません。このような、説明義務を果たしているところとそうでない事業所では借り入れの際の融通度が違うことは理解できると思います。

2．経営革新法と知的資産報告書

　この経営革新法申請計画と知的資産経営報告書の活用法は重なります。

まず、企業の戦略部分ですので外部広報用には公開してよい部分と内部に留めておくべき項目を十分吟味してください。

自社のサイトに簡易版が見られるようにPDFとしてリンクしておくことも広報的意味合いと、自社のコンテンツ宣伝と言う効果があります。

作成後に見せる相手として

(1)取引先

(2)後継者・新入社員含むスタッフ

第4部　戦略策定編

(3)金融機関

等があります。

相手先から考えて強調すべきは

(1)取引先・・・自社の強みの宣伝と今後の戦略のプレリリース

(2)後継者・・・新入社員含む教育目的とストーリー（歴史）としての自社の強み理解

(3)金融機関・・・今後の経営戦略、特に数値計画、資金ニーズ

となります。（次頁以降の参考書式と照らし合わせてください。）

第17章　簡易事業計画書の作り方

　経営とは因果応報であり、人の昔と書いて借りるです。

その人の過去の信用にしかお金は貸してくれません。因果応報を考えることがすなわち

企業戦略です。形から入ってはいけません。そこが誤解しやすいところです。

1．簡易事業計画書作成を勧めるその理由

　現実的には10年物の再生支援計画書は銀行員か、派遣されてきた我々のような専門

家が作ります。

経営者に10年間の財務諸表の計画書を作れといっても、そこにはかなりの無理があり

ます。ただし、企業をどうもって行くのか、という意味の事業計画書は必要です。その

土台に乗った企業だけを再生支援のスキームの中で金融機関は建て直しを図ろうとす

るからです。そのビジョンにあたる部分だけをピックアップしたのが、簡易事業計画書

です。

過去の分析からの反省、反省に基づいた施策、その施策実行のために足りない経営資源

の明示と一本筋の通った事業計画書を作成しましょう。

2．金融機関の再生支援事業のステップ

　事業再生の本を見ると「第2会社の活用」「金融機関の債権のDES化、あるいはD

DS化」などを始め、様々な再生のバリーションが書いてあります。

しかし、そこで、勘違いしないでください。

金融機関がそれらの手法を考えるのは最後の最後です。

まず、真っ先にすることは、「この企業は果たして再生できるのか」の検討です。

その際に最も重視されるのは、経営を続けていくしっかりとした意思とビジョンがあるか？それが実現可能か？ということの擦り合わせです。

ですから、経営のビジョンを示すということが重要なのです。

十分に担保となるべき資産を持っていても事業がまったく時代から外れているならば早めに清算を進めたほうがいいケースもあります。

その事前の経営に対する意思確認の時点で、経営者が自分の考えを述べるのに役立つような、フオーマットを簡易事業計画書として作成しました。

これは、あらゆる借り入れ申請の時に考え方として使えるものです。

それは、現状を認識し、自社の事業機会を探し、それを事業計画に反映させる。そのための足りない資金の調達をお願いするというのは、金融調達時に共通する考えだからです。

３．作例事例

フオーマットの項目は

A.自社の景況感

B.近年の決算状況、資金繰り状況

C.今後伸ばして生きたい自社のコア技術、商材、サービス

D.経営者として特に努力した（したい）項目

E.今後の投資計画
　・設備・人材

F.今後の３年間の売上計画(利益計画)

G.残る課題

H.金融機関への要望

としています。

簡易事業計画書　　　　　　会社名
　　　　　　　　　　　　　代表取締役

A 自社の景況感

B 近年の決算状況、資金繰り状況

C 今後伸ばして生きたい自社のコア技術、商材、サービス

D 経営者として特に努力した（したい）項目

E 今後の投資計画
　　　　・設備
　　　　・人材

F 今後の３年間の売上計画(利益計画)

G 残る課題

H 金融機関への要望

以上

(1)作り方の基本

通常のプランニングと同様に現状を認識する→その中で自社の事業機会を探る→計画に反映させるという流れです。

Hの金融機関への要望は、資金調達だけとは限りません。

販売に困っている企業は「販路先を紹介して欲しい」あるいは「事業継承の勉強を息子にさせてほしい」なども考えられます。

常にこの事業計画書にどう書くかという訓練をすることにより、日々の経営活動に対する意識も高まります。

一貫した流れ（ストーリー性）を作ることによりEの投資項目も意味を持ち始めます。最も、必要とされていることに投資しようという流れになります。

(2)相互に関係する項目

ここで、項目ごとの関係性について、説明します。

Aの自社景況感がBの決算状況、資金繰り状況とリンクします。

Bの過去の係数が、Fの将来の数字に連続してきますので無理のない計画を立ててください。

Cの今後伸ばしていきたいコア技術・サービスはEの投資欄とリンクします。

Dの努力項目は、Hの金融機関への要望と補完関係になります。

Gの課題とHの金融機関への要望と補完関係になります。

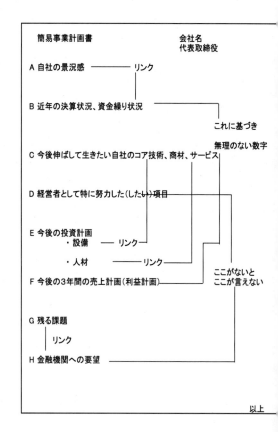

第4部　戦略策定編

一度うめてみて、ここにあげた項目の相関関係のロジックが合っているか、冷静に考えてみて下さい。

(3)書くときのポイント

①ポイント1

外部環境の捉え方→自社の概況（A）→努力した（したい）項目（D）→残る課題（G）→金融機関への要望（H）と一貫した論理性があるように作ります。

・こういう環境だからこう考える

・こういう状況だからこう努力する

・当方もこういう努力をするから、こういう支援をして欲しい

というように書きます。

②ポイント2

売上増加計画（F）に置いて大きく増加する計画はよほどの説得材料がないと昨今は現実味がありません。売上平行計画で利益率を上げる考え方が無難です。

これは売上が上がる計画を書いてはいけないということではありません。

がんばれば出来ると言うような精神論は通じる時代ではなくなってきたということです。

③ポイント3

金融機関への要望（H）ははっきり書きます。文面化しなければ始まりません。

私は、前職、金融機関ですが、金融機関への要望を書かないで自社の歴史を延々と書いてこられるお客様がおられました。金融機関への要望を書かないということは、「これだけの歴史があるので破綻させられないだろう、後は金融機関で考えなさい」という意味だと思うのですが歴史があるから潰れない、潰せないという時代ではありません。

３．作例事例

　記入例としては次頁の通りです。

努力した項目などあれば、忘れずアピールしてください。

今後の経営戦略の要点としては、選択と集中ができているかなどチェックして下さい。選択と集中については言葉だけでなく、不採算部門が整理できているかなども考えてみて下さい。選択と集中で難しいのは不良採算部門をいかに撤退するかということです。しかし、これが出来ないと企業の内部資源を集中投入できないのです。

事業計画書

会社名　＊＊紙工業　（紙製品製造業）

代表取締役

A　自社の景況感

紙業界も昨今のデフレ傾向が顕著であり、当社を取り巻く経営環境も厳しいの一言である。 しかし、クラフト店の増加など、個人趣味の市場が近年拡大しており、当社にとってビジネスの 機会もあります。

B　近年の決算状況、資金繰り状況

売り上げは前年比、──百万ほど伸びるも、業態を変える、小さい敷地に引越しするなどで在庫処理するため粗利が○○％から○○％に落ちます。また、経費リストラした効果が実質的には来期からの反映になりますので営業利益段階で○○百万ほどの赤字になります。

C　今後伸ばして生きたい自社のコア技術、商材、サービス

新たな、個人マーケットの売り上げが確実に底上げに成っており、以前より、月？００万円ほどの底堅い売り上げが入るようになりました。今までの紙業界における信用を生かし 売れる製品を企画して売る業態に変更します。

D　経営者として特に努力した（したい）項目

かなりの経営努力をしてまいりました。

① 事業リストラ ──坪──坪、に１月に引っ越し、賃料が○○万円低下します。また、敷地面積の大半をとっていたた再生紙をシート類の製造 ───円／月 を外注化（㈱──商事）します。

経費としては電気代○○万原価ロス分が、──万／月、包装紙が──万／月、運賃が──万／月減ります。

②人件費リストラ

役員報酬→ ──万から──万に下げております。

製造と出荷 人が退職（○月末）２人の人件費、○万／月が減ります。

E 今後の投資計画

・ 設備　　製造から小売に転化してまいりますので当面設備投資計画はありません。

・ 人材　　製造・出荷部門をリストラ（２名減少）しましたので、営業を１名、途中採用で補充したい。専門店、スーパーなどに営業をかけます。

F 今後の３年間の売上計画（利益計画）

売り上げ　２億（本年度）　２．５億（１年後）　２．８億（２年後）１年後より黒字転換します。

G 残る課題

財務的には健全化に向かいつつも季節変動があり５～６月はかなり、資金ショート します。今年を乗り越えれば、経営（キャッシュフロー）は上昇し、健全財政に向かい ます。

H 金融機関への要望

５～６月の資金ショート分を運転資金として──百万円を借り入れをしたい。

以上

第18章　経営革新計画の作り方

1．新規性とは

　申請提出時に行政の担当官と「見解の相違が出るところ」を中心に解説します。　それは「新規性」です。

新規性の捉え方が、最も重要なところです。

発明のようなイメージではなく、これれこういうことをやってきた事業所が、こういう強みを生かして、こういう展開をするというような組み合わせで考えるということです。

この経営革新の本旨は、その事業を核として事業体が立直ることですから、既存事業とのシナジー効果が必要です。シナジー効果がないと、新規事業で社内的に盛り上がっただけという結果に終わりがちです。

そこで、既存事業にいかに返ってくるかの証明を申請プラン内でする必要があります。今回、紹介した10事例では、このシナジー効果がうまくいった事例ですので、熟読してそのニュアンスを感じてください。その事業が、真に画期的で大きな売り上げを狙う場合、今度は、マーケテイングや、販売促進法などをいかに詳細に捉えているかがポイントとなります。

プランは消費者視点を取り入れます。新規性とはユーザーあるいは消費者にとっての新規性でなくてはいけません。

方法としては、プランの説明で「これは消費者側から見ると・・・」と視点をひっくり返して、メリットをうったえればいいと思います。

自社プランがいかに世の中に役立つかをピールするということ、これが、事業のモデル

性を示すということにつながります。

事業類型でワンストップショッピング、 ニッチ市場対応、 サービス化などを目指すと言う事業類型です。

これが近年の要素でもあり、国も補助金や他の支援施策を施す上で、その採択の会社以外にも他社モデルとなるなどの波及を及ぼすという効果も想定しています。

2. 策定のポイント

　経営革新法申請のプランを作る時の考え方については、第一巻の「補助金・助成金獲得の新理論」に詳しく書きましたので、ここでは、その要約と経験則からの注意点を述べます。

・マーケティング先としては従来と同じか、シナジー効果のあるマーケットとする。

全く違うマーケットは、経営革新ではなく新分野新進出と見られがちで認められません。

（技術シーズが同じでも新たな市場開発と言うのはランニングで苦戦します）

・新たな商品構成としては今までのキャリアから来る強みを生かして、付加価値を大きくするマイナーチェンジを志向する

・そのために工程（リード）が長くなるので、売上増加よりも利益率向上を指向する

・会社が儲かると言うことではなく、人件費の向上、設備投資などバランス投資を心がけることにより付加価値基準が達成します。

私の経験則よりのランニング時の注意点としては

(1)実るまでに時間がかかるケースはよくある

経営革新計画で書く実行計画、数値計画は机上で考えた理想形で、実際に実行して行くと必ずクリアーすべき課題が新たに出てきます。

それらの課題は実行してみたが故に出てきた課題ですからゴールにたどり着くまでには意味のある宝物のようなものです。

その課題をどれだけ執念を持って乗り越えていくかは、経営革新計画の目標達成に熱意があったのかの試金石となります。

(2)やってみて市場性がなかったと言うのは失敗では無い

もやもやと考えている人と、実際に試行してみる人では天と地の差が出てきます。

そこで、実際に試行してみて市場性がないと分かったケースでも次に生かせれば、失敗では無いということです。

紹介した事例の中でも、全ての案を試して行って遂に成功をつかんだと言う企業があります。

その際に、複数案の実行の際に前の失敗の経験は必ず行きます。

マーケテイングも数段上達しています。よって経営革新を不断に続けるという前提ではやってみて市場性がなかったと言うのは失敗では無いのです。

(3)目的性を勘違いしてはダメ

良く経営革新プランを作ったお客さんから「これで、どうなりますか？これから何をしたらいいですか？」と聞かれます。

要するに国の認定制度だけに何かプランを作っただけで恩恵があるのかというなのですが、支援策の活用と広報効果以外は何もありません。

そこで、「この計画を確実に実行して行ってください。それで、国（地方自治体）は経営が良くなると認定しているのですから」とお答えしています。

作るのが目的では無くて、作って実践するのが本旨です。

特にコンサルタント任せで作って貰ったケースでは、何も実行のランニングがなされないということがあります。だから自分の手で書かないと行けないのです。

3．作成事例

（別表２）

実施計画と実績（実績欄は申請段階では記載する必要はない。）

| 番号 | 計　画 | | | | | 実　　績 | | |
	実　施　項　目	評価基準	評価頻度	実施時期	実施状況	効果	対策
1	安全で効率的な生産方式の開発	安全委員会の評価	毎月	1-1			
1-1	○○部分の安全な△△方法の開発	製造原価	1年	1-3			
1-2	効率的な○○××装置の開発	製造原価	1年	2-1			
2	○○商品の新規開拓営業体制の確立	○○商品の売上	毎週	2-2			
2-1	マネージャーと担当営業の2名専任体制の確立						
2-2	○○商品を切り口に新規開拓した顧客に対する他の印刷物提案営業活動。	新規顧客の売上	毎月	2-4			
3	次期バージョンの新○○商品の開発	新製品の売上		3-1			
3-1	○○××装置の開発	製造原価	1年	3-2			
3-2	○○××装置を利用した○×商品の新規開拓営業体制の確立	○×商品の売上	毎週	3-3			

評価基準は売上高、売上原価、数量、回数など何で測るか（反映されるか）を考える

ここでの項目が知的資産経営報告書の強みの指標（ＫＦＳ）となります。自社の強みとのリンクを考えます。

要素をエリア、人材（教育）、設備投資、ノウハウ（マニュアル化）などで、串ざしで考えてみること
確立→発展→応用
→サークル化
→利益還元
と年度ごとの色を出すとアクセントがつく。

(別表3)
経営計画及び資金計画
参加中小企業者名

ここは直近決算書より

少なくともこの3段は新事業、既存事業の内訳必要、場合によっては表全ての内訳を要求する県も。

(単位　千円)

	2年前(27年3月期)	1年前(28年3月期)	直近期末(29年3月期)	1年後(30年3月期)	2年後(31年3月期)	3年後(32年3月期)	4年後(年 月期)	5年後(年 月期)
①売上高	2,444,210	2,570,009	2,412,047	2,500,000	3,000,000	3,350,000		
②売上原価	1,903,218	1,924,208	1,837,606	1,940,000	2,250,000	2,500,000		
③売上総利益(①-②)	540,992	645,801	574,441	560,000	750,000	850,000		
④販売費及び一般管理費	515,141	518,730	504,371	505,000	600,000	650,000		
⑤営業利益	25,851	127,070	70,069	55,000	150,000	200,000		
⑥営業外費用	123	200	169	100	100	100		
⑦経常利益(⑤-⑥)	25,728	126,870	69,900	54,900	149,900	199,900		
⑧人件費	550,600	533,506	504,870	506,000	511,000	511,000		
⑨設備投資額	38,743	26,202	3,452	160,000	25,000	40,000		
⑩運転資金								
普通償却額	60,904	58,497	48,884	75,000	69,000	69,000		
特別償却額	0	0	0	0	0	0		
⑪減価償却費	60,904	58,497	48,884	75,000	69,000	69,000		
⑫付加価値額(⑤+⑧+⑪)	637,355	719,073	623,823	626,000	730,000	806,000		
⑬従業員数	123	115	115	118	123	123		
⑭一人当たりの付加価値額(⑫÷⑬)	5,182	6,253	5,425	5,305	5,935	6,553		
⑩⑮資金調達額(⑨＋⑩) 政府系金融機関借入	－	－	－	150,000	10,000	0		
民間金融機関借入	－	－	－	0	0	20,000		
自己資金	－	－	－	10,000	15,000	20,000		
その他	－	－	－	0	0	0		
合　計	－	－	－	160,000	25,000	40,000		

この増加率を別表1に転記(計画最終年度伸び率)

日本政策金融公庫の意味

補助金調達はその他欄になる

（別表4）

参加中小企業者名 _____

設備投資計画（経営革新計画に係るもの）　　　　　　　　　　　　　　　（単位　円）

	機械装置名称　　（導入年度）	単　　価	数　量	合　計　金　額
1	印刷機　　　　　　　平成〇年度	160,000,000	1	160,000,000
2	〇〇商品用天糊機　　平成〇年度	15,000,000	1	15,000,000
3	〇〇商品用裁断機　　平成〇年度	10,000,000	1	10,000,000
4	〇〇商品専用自動裁断機　平成〇年度	40,000,000	1	40,000,000
5	合計			225,000,000
6				
7				
8				
9				
10				

考えられる設備投資を書いておく。（システム投資含む）
別表3との一致

運転資金計画（経営革新計画に係るもの）
（単位　円）

年　　度	金　　額

運転資金は必要と思えば書いておくこと
176Pに算出法は説明していますが、明確な公
式はありません

第4部　戦略策定編

第19章　知的資産経営報告書の作り方

1．普及する背景

　まず、この知的資産経営報告書が今後重要になる背景を説明します。

金融機関で、これを担保に融資という流れが強くなって来ることは解説しました。

技術担保の思想は、一気には進まなくても、前進していくことは確実です。

今回は対ユーザー、消費者と言う視点で説明します。

これからは商品体系の中でハード部分・ソフト部分に分けるとソフト部分の勝負になります。

ところが、消費者、あるいは、一般ユーザーから見ると商品別、あるいは、サービスにに大きな差がないのが実態です。

商品・サービスのコモデテイ化と言う言葉が流行りましたが、まさにその現象です。

ＴＶのＣＭにしても、派手に宣伝している業界ほど、Ａ社とＢ社の特徴的な違いが全く分からないというのが消費者の現実の姿です。

こうなると、現在は商品・サービス全体として、選択して買うのではなくて「もう要らない」という結論になります。

これが合成の誤謬の現象で、地方観光等でも「ゆるきゃら」「ふるさと納税」、そして、最近は「地方紹介動画」と全国の地方でやっていることは、全く同じという現象が起こっています。

ここは、困難でも自社の違いを明確して行く必要があり、それがない場合は、この知的資産報告書策定を志向したことを機会に他社との違いを作り出す必要性があります。

手順としては

・自社の取扱い商品・サービスを定義する。

201

・その中で、何かの部分に選択・集中する。
・その部分が業界慣行と自社はいかに違うかを証明する。
という流れになります。

勘違いする事業主は、そんなことしたら真似されると言うかもしれませんが、簡単に真似できるのであれば、それは独自の技術・ノウハウでありませんし、肝心な部分だけは報告書上、ベールで隠すことも可能です。

２．策定のポイント

　では、実際の策定の流れを説明します。
表の関係性を見てください。

この関係性を明確にしていくということです。
連結は以下の通り交差して行きます。

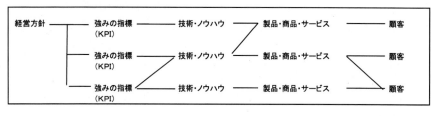

ここで、こういうロジックが成り立ちます。
こういう技術力は、このＫＰＩ（＊）によって裏打ちされているので、そこを強化すれば、ますます、この技術力が上がるというロジックです。
　（＊）ＫＰＩ・・・Key Performance Indicator/重要業績評価指標
この関係性を外部にも公表することによって、クラインアントは、裏打ちされた技術力を信じることができ、また新規の取引先もこれを目印にやってきます。

第4部　戦略策定編

分かりやすいロジックであり、これが知的資産経営報告書の作成の最大のツボです。
この技術は通じるので営業開拓など強みの指標は数値化出来るものにしてください。
以下は当社の事例です。

忘れてはならないのはそのKPIの将来目標を作り、そのレベルを上げていくということです。上の表でも将来目標が入っています。
次にこの相関図の中での考えていく順番ですが過去の指導の経験より①経営方針④実際の製品・サービス②強みの指標として実際にやっていることを洗い出してから③の技術・ノウハウを出していくという流れです。
②強みの指標は会議数、派遣研修に出しているなどなんでも良いのです。
取りあえず出してください。
理想的なのは「――（製品）」に対する誤差は――以下に抑えている」など品質維持にかかることです。
多分③の技術・ノウハウはすぐ出てこないでしょう。
③の技術・ノウハウがすぐに出てこないのはひとつには、自社の技術であるが故の遠慮があるからです。
ここで、今まで、経営が続いてきたのは何かがあるからだと自信を持ってください。
そこで、①経営方針④実際の製品・サービス②強みの指標まで作った段階で商工会議所

203

などに③の技術力・ノウハウをどのように表現すればよいのか、相談に行って専門家に見て貰うという方法があります。
ここまでの流れが知的資産力強化の流れ、すなわちフローを示すなら以下の知的資産の棚卸し表はストックです。

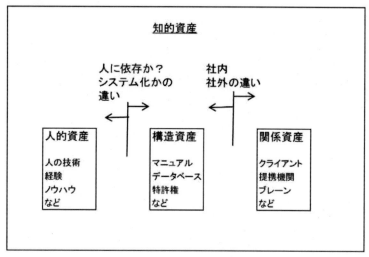

ここでのポイントは、人的資産を出来るだけ構造資産にシフトさせていくことです。
理由は、人の技術に頼っていてはいずれその人がいなくなった時にその技術に対応できなくなるからです。
人的資産から構造資産への代表的な流れは「マニュアル化」です。
製造業では、最近、製造の流れをデータ化していく設備があります。
技術のデジタル化でものづくり補助金申請されている企業も多くあります。ただし、それで申請するにしてもここまで書いたように会社の強みとリンクしないと説得力が弱くなります。
知的資産経営資産報告書では企業の歩んできた道筋（STORY）で味付けします。
これは、報告書では冒頭に載せる場合が多いのですが実務的には将来のビジョンを作ってからそれに合うように過去の道筋も作ると言うのが最もスムーズに行きます。
最後にこの知的資産経営の手法は大きな環境変化には弱いということも申し上げておきます。

最近、商品ライフサイクルの図に新たな曲線が書き加えられるようになってきました。

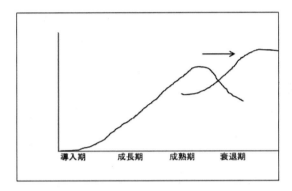

これは、商品ライフサイクルはいずれ寿命があるので、衰退期（早くは成熟期に）そのコアな部分を活用して次のバージョンの商品を早く作りましょうということです。
知的資産報告書で突き詰めるノウハウ・技術もコモデティ化する可能性があると言うことを頭の片隅に常に置いておいてください。

３．作成事例

当社の事例です。

このページは全て定式がある。

知的資産経営報告書

ものづくり補助金情報中心

西河 豊

2016 年 1 月発行

目　次

産経営報告書とは………………2

1．知的資産経営報告書とは

< 的資産 >

資産とは、財務諸表に記載されていない無形資産のことです。

知的資産とは特許やブランド、ノウハウなどの「知的財産」を一部に含み、さらに組織力、人材、技術、経営理念、顧客等とのネットワークなど、財務諸表には表れてこない目に見えにくい経営資源の総称を指します。

知的資産は企業の本当の価値・強みであり、企業競争力の源と言えます。

企業経営・活動には、知的資産の活用必要不可欠です。

< 知的資産経営 >

知的資産経営とは、会社の強みである知的資産を正しく把握し、活用することで業績の向上や、会社の価値向上に結びつけることです。

企業が勝ち残っていくために、差別化による競争優位の「強み」を確保することが必要です。差別化を図る手段は色々ありますが、特に大きなコストをかけなくても身の回りにある知的資産（無形資産）を活用することで、他社との差別化を継続的に実現することができ、経営の質や企業価値を高めることができます。

< 知的資産経営報告書 >

知的資産経営報告書とは、企業が有する技術、ノウハウ、人材など重要な知的資産の認識・評価を行い、その知的資産を活用した企業価値向上に向けた活動を、見える化することとわかりやすく伝えるために作成した書類です

過去から現在における企業の価値創造プロセスだけでなく、将来の中期的な価値創造プロセスをも明らかにすることで、企業の価値創造の流れをより信頼性をもって説明するものです。

第4部　戦略策定編

2. 経営概念（ビジョン）

中小企業経営者のための知的プラットフォ...

3. 会社概要・沿革

1. 事業概要

　本
　設
　代　表　者
　住　　　所
　T　E
　F　A
　E－mai
　主な事業内

2. 沿革
・2000年　金融
・2010年　一切
・2011年　中国
・2012年　～中
　　　　　経営
・2013年　マー
　　　　　ネッ
　　　　　この
・2014年　ルーテ
　　　　　コン
　　　　　動画
　　　　　検索
　　　　　スカ
・2015年　有料
　　　　　日に

> 4. 当社の歩みは 6. 知的資産の価値創造ストーリーの骨子を纏めてから、それに合致するように書く

4. 当社の歩み

1. 創業期

2. 変革期

3. 戦略変更時期

中国ビジネスに目途がつかず、方向性の無い中、2012年の秋に経営革新支援認定機関に登録した。

その会合で聞いた2013年より始まる、「ものづくり補助金」「創業補助金」の申請ノウハウをコラムに交えたところ異常なアクセスが上がり、市場の可能性を感じる。

ネットからの集客と言う点は変えずにこの補助金申請ネタ露出を徐々に増やしていったが、最終商材を訪問コンサルティングとしていたため、不発。

この補助金ネタで、商工会議所、商工会、金融機関に宣伝チラシ、DMを送るもまだ不発。

その後、アクセスは上がり続け、商材に補助金申請マニュアルという電子ベースでの商材を入れてみたところ買い手が付き、これに可能性を感じ、この商材の露出を大きくし、商材に有料メールサポートをつける。(申請書の添削など)

有料メールサポートも最初利用者はなったがこちらから有料商材購入者にアプローチすると100％に近い確率で成約可能中ことが分かる。

この後はこの手法を深化することにまい返し
・通常業務での在宅ワーク活用
・ファーストステップメール送付のためのアドレス抽出ロボット購入
・情報発信の動画化（YOU TUBE活用）

などを行い現在は既存顧客名簿600件、保有している企業メールアドレス4,500件、メールコンサル先　件に至っている。日々の当社グループサイト吸引のアクセスは1,500件に上昇している。キーワードとしては「ものづくり」「省エネ促進」「創業」「持続化」「マイナンバー」「認定機関」などで吸引している。

YOU TUBE 事業開始

船井総研に呼ばれてのセミナー（新たな手法が話題呼ぶ）

207

5．これからの事業展開の「機会」と「強み」の接点は強みの指標（KFS）に繋げる

5．これからの事業展開

(1) クロスSWOT分析

外部環境＼内部資源		強み ・アクセス数の上昇 ・メルマガ会員数の増加 ・専門家ネットワーク	弱み ・営業力の弱さ ・行政からの受託力の弱さ
機会	・SNSの普及 ・ネット検索行為の増加	・アクセス件数強化 ・メルマガ特典の増加	・月1回の外部会合参加 ・ウェビナーの受信によるレベルアップ（＊）
脅威	・補助金予算の縮小 ・リピート性の弱さ	・商材開発力強化（補助金分野以外の開発） ・コンサルバリエーションの強化（省エネ設備導入、知的資産棚卸し、創出）	・既存コンサル事業（＊2）は売上比率30％以内に抑える （次の商材開発への取材的意義もあり、0にはしない）・

＜ 戦 略 ＞

ネットシステム最先端活用の全国どこからでもアクセスできるコンサルシステムで中小企業経営者のための知的プラットフォームを作る。収益はそのアクセスからの連動で生み出せるように工夫する。

＊）ウェビナーとは動画によるセミナー、教室展開のことで、世の中は確実にこれに向かっている。この部分を将来的には有料化したいがTUBE活用の場合は、再生件数連動で報奨金も発生する。現在は全て、動画発信はフリーで関連有料マニュアルにリンクを貼っている。

フリー効果として、非営利の公共性を感じて貰うことが出来る。

＊2）既存事業とは従来型のコンサル事業で行政からのオーダー型事業（調査事業）や、顧問契約の業務を示す。

Copyright©2016　ものづくり補助金情報中心

(2) 将来の経営戦略
＜アクセス件数目標＞
ＫＳＦたるアクセス数関連数値の解説

1日　アクセス　≒3,000VEIW以上　⇒10,000VIEWに
・　YOU　TUBE　累計　50,000再生回数(実績1年半)⇒1日に100件VIEW
・　メルマガ会員　1,500　火曜、金曜配信⇒倍の3,000件目標
・　有料情報以上の顧客名簿　1,000突破　⇒倍の2,000件目標
・　無料ダウンロード資料の本年ダウンロード数　900件　⇒倍の2,000件目標
・　コラム情報⇒商品ページを見る比率（ﾗﾝﾃﾞｨﾝｸﾞ率）　15%　⇒20%に
・　総ＶＩＥＷ⇒資料請求以上のアクション　ＣＶＲ（コンバージョンレート）0.7%⇒1%に

*)アクセス件数目標を先に持ってきた理由
全く新しい手法を試行しており、そのコンテンツが吸引している事業主のアクセス件数の方を重視する。売上としては既存事業をしていた方が伸びることは分かっているが、環境変化から先行きがないことが明白である。(以下に一応売上目標も示す。)

＜売り上げ目標＞
目標年度：2020年（平成32年）12月31日（創業20年目）≒1,000万に
以下,事業はネットツール最大限活用のフリー情報からのアプローチ客からの売上を示す。
（それをマニュアル販売と、メールコンサルテイングに分けている。）
既存事業とは従来型のコンサル事業で行政からのオーダー型事業（調査事業）や、顧問契約の業務を示す。

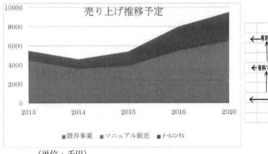

（単位：千円）

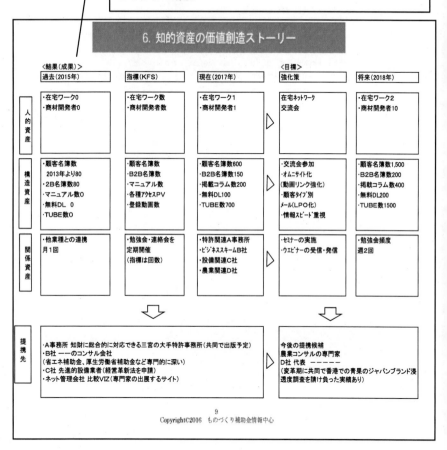

第4部　戦略策定編

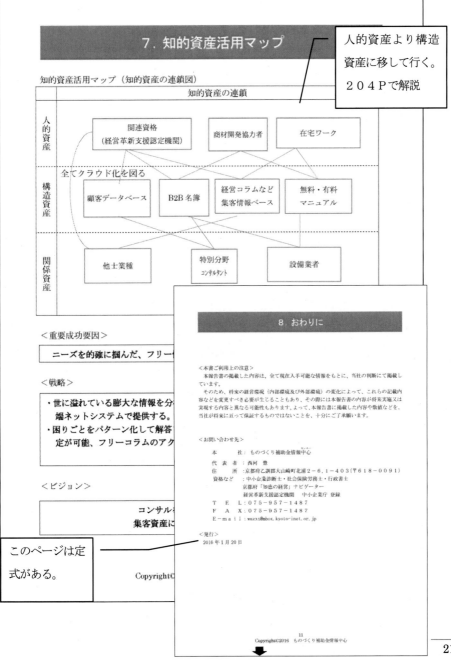

おわりに

　戦略は考え抜かないと生み出されません。

加えて、一回の試行でランニングが成功することも少なく実践をはさみ、改良を重ねてなんとか絵になっていくというのが普通の姿です。　その試行錯誤の積み重ねが楠木建先生の言うところの戦略のキラーパスになり、他者に盗まれにくいものとなるのです。

加えて、その戦略の成功により、圧倒的に儲かるということもこの時代にはないのかもしれません。これは我が国が成熟社会になり、ビジネスの隙間がない、あるいは、狭いということを示します。

しかし、このテキストで強調したように高付加価値化を図り続けていくことで、ニッチであっても世の中になくてはならない、つぶれることのない会社となりえます。

それは、言葉を換えると「役に立つ企業になる」ということです。

このような、定義を社是としている企業が多い割には社長が戦略を考え続けているという企業は多くはありません。

悪いスパイラルに入っている企業パターンとして、社長以下いつも忙しそうにしているが、一向に利益が出ていないという企業が多くあります。

それは、経営者が優先順位を間違えて枝葉末梢のことに時間をかけているということです。優先順位の一番は自社をどういう方向に持っていくかという戦略ではないでしょうか？

今回、紹介した事例企業を訪問すると我々コンサルタントが見ても「よく考えているなあ」という部分があります。

それは一夕一朝でなしえたことではなく、考え抜き、実践を続けた結果の工夫なのです。

中小企業、小規模企業であっても、いや、機動力のある中小企業、小規模企業だからこそが戦略を考えるべきなのです。

第一巻の「補助金・助成金獲得の新理論」では、調達の中で最も重要で効果的な調達法を説明しました。

本書では「中小企業戦略の新理論」として、リスクに負けない企業体質を作るための戦

略知識と戦略策定法を示しました。

企業を人間の体で言うならば血液を回し、筋肉質にするということです。では、これで万全でしょうか?

いや、肝心なものが足りません。日々、呼吸をして食事をしていかねば肉体は持たないのです。

では、企業活動におけるその部分はというと、売上を構成する力です。

これが、全ての源です。

本書で新マーケテイング戦略として紹介した論を深く掘り下げて、経営者勉強シリーズの最終巻、「販売戦略の新理論」として、１２月に発刊する予定です。

ここでは、売上を効率良く取ってくる手法をレバレッジをかけるという考えで１１類型を解説します。

これからの世の中、**人口減で**需要は**減る**ばかりではなく、**働き手も減ってきます。**

業績の単純拡大は成り立たなくなります。

レバレッジをかけるとは分かりやすい事例で言うと

・グーグルのレコメンドのシステム

・ジャパネットたかたのセンター集中のシステム

・日本ネスレのアンバサダー制度等です。

これらの事例の様なレバレッジのシステムを経営にいかに取り入れるかを説明します。

是非、ご期待ください。

本書が御社の経営戦略策定の一助になれば幸いです。

ものづくり補助金情報中心

経営革新支援認定機関

中小企業診断士・社会保険労務士

代表　西河　豊

【読者への２大プレゼント】

本書の読者の皆さまへ、感謝を込めてプレンゼントいたします。

１．愛読者プレゼントサイト

著者自身が本書の内容を更に掘り下げて解説する動画・音声をプレゼント！

下記のＷｅｂサイトにアクセスして、お申込みをお願します。

http://nishikawa.netchirashi.net/

２．２０１７年１２月発刊予定「販売戦略の新理論」

　　２０％ＯＦＦ＆予約確保券 ＿＿＿＿＿＿＿＿＿＿

〈お問い合せ先〉

西河経営・労務管理事務所／ものづくり補助金情報中心^{センター}

　　　　代表者　西河　豊

tel ： 075-957-1487

fax ：075-957-1487

〒618-0091　京都府乙訓郡大山崎町北浦２－６，１－４０３

※特典１のダウンロードサービスは、予告なく終了する場合がございますのでご了承ください。

参考文献

厚生労働省　ホームページ

総務省　事業所・企業統計調査

中小企業庁　ホームページ

中小企業白書　2016年版

日本政策金融公庫　ホームページ

信用保証協会　ホームページ

独立行政法人　中小企業基盤整備機構　ホームページ

独立行政法人　勤労者退職金共済機構　ホームページ

日本フルハップ 公益財団法人　ホームページ

ビジネスゲーム演習　野々山 隆幸, 柳田 義継, 高橋 司, 成川 忠之　ビジネスアソシエーション

著者略歴

西河　豊 （にしかわ　ゆたか）

職歴：昭和34年　京都府生まれ
　　　昭和59年4月〜平成12年4月金融機関勤務
　　　その間平成3年から平成8年までシンクタンクの研究員として出向
　　　平成12年独立開業
　　　西河経営・労務管理事務所、ものづくり補助金情報中心(センター)代表
　　　山崎の合戦とサントリー蒸留所で知られる大山崎町商工会会長

資格：中小企業診断士、社会保険労務士、経営革新支援認定機関

執筆：「それでも、小売業は中国市場で稼ぎなさい」中経出版　2012年
　　　「補助金・助成金獲得の新理論」三恵社　2016年

学歴：大阪外国語大学　中国語学部（現大阪大学　国際学部）

経営者勉強シリーズⅡ
中小企業経営戦略の新理論
〜リスク低減のための8戦略〜

2017年 9月15日　　初版発行

著者　西河　豊

定価(本体価格1,850円+税)

発行所　　株式会社　三恵社
〒462-0056 愛知県名古屋市北区中丸町2-24-1
TEL 052 (915) 5211
FAX 052 (915) 5019
URL http://www.sankeisha.com

乱丁・落丁の場合はお取替えいたします。
ISBN978-4-86487-742-8 C2036 ¥1850E